「サードエイジ」をどう生きるか

シニアと拓く高齢先端社会

片桐恵子――［著］

東京大学出版会

Development among Third Age in Super Aging Society
Keiko Katagiri
University of Tokyo Press, 2017
ISBN978-4-13-053025-5

献辞　両親に

はじめに
――シニアと拓く高齢先端社会

世界から注目される日本

日本の介護保険制度や地域ケアシステムなど様々な高齢化への対応は現在世界から注目を集めています。筆者が初めてアメリカ老年学会に参加したのは一九九八年でしたが、その頃は日本について発表しても、あまり関心を集めず壁の花になったものです。しかし、最近は日本人の発表は以前よりずっといろいろな国の研究者の注目を引くようになりました。高齢化の速さや程度は違うとはいえ、世界中の国で高齢化が進行し、世界一の高齢国の日本から学ぼうというのです。

介護保険が導入された二〇〇〇年時点での予想は今の現実と異なり、想像を超えた速度で日本の高齢社会が大きな変化を経験してきたことがわかります。介護保険を例にとれば、介護保険を設計した当時は、これほど介護サービスが人々に利用されることは計算外で、すでに保険経営は火の車。一方で在宅介護サービスの多用は家族の絆にも大きな影響を及ぼしているように見えます。そして団塊世代(1)がついに高齢者の仲間入りしたことも大きな変化の要因の一つでしょう。戦後生まれの彼らは、戦前戦中生まれの高齢者とは明らかに異なり、これまでの高齢者像からは予想できない新たなシニア像を形成しつつあります。

高齢者の中の多様性が意識されるようになったのも最近のことでしょう。平均すれば今の七〇歳は一〇年前の六五歳から六〇歳と同じ程度の体力に相当するというような高齢者の若返りが指摘されていますが、中には五〇歳の体力に相当する人も少なからずいるというような状況は、六五歳以上を「高齢者」として十把ひとからげにすることの無謀さを明らかにしています。

筆者が、博士論文をベースにまとめた『退職シニアと社会参加』(片桐、二〇一二a)を二〇一二年に上梓してからでさえ、六〇歳代の人をめぐる状況は変化しています。高年齢者雇用安定法が改正され、六五歳まではそれまで働き続けた企業で何らかの仕事が確保されたことは、著者に社会参加に対する再考を促しました。若返ったとはいえ、六〇歳に定年となって退職してそれまでかかわりのなかった地域社会とつきあいを始める、つまり「地域デビュー」をするのと、六五歳でチャレンジするのでは、気力や体力、また寿命までの人生の長さが異なります。働き続けたい人に働き続ける選択肢を与えた、という点ではもちろん評価される法改正ですが、「地域デビュー」という点からは必ずしもプラスに働くわけではないことが予想されます。現実に団塊世代に地域での活躍を期待していた地方自治体やボランティア団体からは、彼らの地域社会やボランティアへの関心の低さを嘆く声がしばしば聞かれます。

『退職シニアと社会参加』を執筆したときは、仕事、つまり職に就いて対価を金銭で得ることである就労を社会参加活動から除外して検討しました。それは仕事をすることに関連する要因と、地域グループへの参加に関連する要因、あるいは、仕事をすることの影響と後者のもたらす影響はあまりに異なると考えたからです。また、老年学の多くの研究でも同様な扱いでした。

しかし、このような高齢者をめぐる状況の変化は、社会参加活動から就労を除外することは、特に六〇歳代の人たちの活動の様相を捉えきれない限界があると思えるようになってきました。そこで本書では、就労を除外せず、彼らの活動を包括する概念を提案することを企図しています。それは退職シニアに、現役時代のとにかく会社のために稼ぐのだ、という利益中心の思考から脱し、その能力を活かして日本のますます進行する超高齢社会を支える力となってほしいという筆者の思いを反映することでもあります。

「役割のないこと《ロールレス・ロール》」が高齢者の役割である（Rosow, 1974）といわれてから、すでに五〇年以上がたちますが、いまだに高齢者の役割が明確になっていないというのはおかしいと思います。社会の担い手こそこれからの退職シニアの果たすべき役割ではないでしょうか。本書は「社会の担い手」としてのシニア像を具体的に示すことを目的としています。

本書の目的と構成

本書は、時には身の置き所がなく不如意に過ごしている退職シニアの人たちに、有意義な人生を送るための選択の可能性を示すこと、現役で働いている人に、将来を視野に入れて現在の働き方を一瞬立ち止まって考えてもらうこと、これから日本の超高齢社会を生きていく若い人たちに、上の世代の人たちが抱えている問題を理解し、またその解決は若い人たちにも決して無関係なことでないことを理解してもらうこと、の三つを目的としています。さらにそのような選択に目覚めた人たちが増えていくことによって、とかく悲観的に語られる高齢社会が、実はこれまでになかったような豊かな社会となり得る可能性を秘めていることを、シニアだけでなく、多くの人に理解してもらうことも大きな目的です。

本書の構成は以下のようになっています。第1章では、前著『退職シニアと社会参加』で提案した内容を簡単に紹介しています。この本は何が今の日本の退職シニアの社会参加を難しくしているのかを解き明かし、どのようにしたら社会参加がしやすくなるのか、社会参加をするとどのようないい効果があるのかを中心に説明したものです。しかし、その後退職シニアをめぐる社会的な状況は大きく変化し、今の退職シニアにとっての選択肢は社会参加にとどまらずさらに広がっています。退職シニアの活動領域を、社会とのかかわり方という観点から再考して、社会参加、生産的活動と市民参加の三つに活動の場を拡大することの必要性を次に説明しています。第2章では、社会参加、生産的活動、市民参加のそれぞれの具体的な内容と、現在、シニアがどのくらいそれらの活動に参加しているのか、概況を説明しています。しかし、そのような活動を仕事しかしてこなかった人が簡単にできるわけではありません。そこで第3章では、このような三つの活動をすることを容易にする能力や経験を積む学びの場としてどのような場があり得るのか、を提案します。第4章では、提案する三つの選択肢に関して、選択の参考になるような基本的な数値を、それぞれの活動ごとに紹介し、参加により何が達成できるのかなどについて考えたいと思います。例えば、現役時の就労と高齢期就労の労働条件はどのように違うのか、企業の高齢就労者に対する実際の態度、働く場として見たときNPOという組織はどのような職場なのか、というような概況を説明しています。最後に、第5章で、シニアがこの本で取り上げたいずれかの選択をして活動にかかわったとき、シニア自身にどんなメリットがあるのか、シニアの参加によりどのような高齢社会が達成され得るのかを語ります。

前著『退職シニアと社会参加』では、退職シニア、つまり主としてサラリーマンを退職した後のシニアを対象として論考を行いました。しかし本書を書き進めるうちに、本書の議論は退職シニアに限定する必要はなく、広くシニアにあてはまる議論であることに気が付きました。シニアが社会に積極的に関与し続ければ、それはひいては、個人と社会の双方の成熟につながり得るのです。成熟した高齢先端社会の実現のために、シニアだけでなく、現役世代の人たちにも将来を見据えて何をなすべきかを提案する、ということが本書の企図するところです。

(1) 団塊世代――狭義には一九四七年から一九四九年生まれ。この三年間で生まれた人は一〇〇〇万人以上になり、二〇〇九年に六六五万人程度。高学歴化、都市への移入、マイホーム主義など様々な特徴を持つ世代といわれる。団塊世代の子どもたち(いわゆる「団塊ジュニア」)の人口も多い。参照、堺屋太一(二〇〇五)団塊の世代(新版)文藝春秋

目次

第1章　サードエイジを生きる

——社会参加からの出発

1　退職シニアにとっての社会参加とは

きれいに晴れ上がった早朝、筆者の家の近所の駅にはハイカーの恰好をした中高年がいっぱいです。待ち合わせをしてグループで六甲山に登るのでしょうか。おしゃべりをして仲間を待つ彼らは実に楽しそうです。

定年後に時間ができたら、それまで仕事一本やりでできなかったことをしようという思いのある人はたくさんいると思います。現役時代は仕事と通勤中心の生活。週末は疲れをいやすのに精いっぱいで、溜まった家事を片付けたりや家族との時間を過ごしていれば、自分の好きなことをする時間はほとんど残らない、というのが現実でしょう。

では、退職をすれば、皆がそのような思いを果たして、自分のやりたかったことができるようになるのでしょうか。実はそうでもありません。仕事で忙しくて時間がない、といいながら、退職してみるとかってしたかったことを忘れてしまい、あるいは仕事自体が生活の目的になっていた自分に気づいて愕然とする人が多いのです。

地方行政の窓口などでは、「私は何をしたらいいのでしょう」と相談に来るシニアが多いといいます。この質問は窓口の人を当惑させます。何をしたいかはもちろん本人にしかわからないからです。しかしその当人が自分が何をしたいかわからない。五十歳代後半の人でも定年後に向け準備をしている人は三割に過ぎません（遠座・片桐、二〇一六）。やりたいこと、遊びたいことが多い若い人には信じられないことかもしれませんが、今の退職シニアの多くはそのような悩みを抱いています。今の若い人が退職するころには状況が変わるのかもしれませんが。

何かをやりたい、という気持ちがないということは、何をしてもなかなか楽しめないということです。これは夫婦関係にも影響を及ぼします。古くはぬれ落ち葉(1)といわれた退職後の夫にとっては深刻な問題です。とにかく家を出た方がいいのはわかっているけれど、行くところがないのです。用もなく外出することは苦痛ですらあります。さらに、このようにうつうつとした気持ちの夫が家にいる、ということは妻にとっても大問題です。長らく自分のテリトリーだった家に夫がずっといて、一人だったら残り物で済ませるお昼の用意までしなくてはならない、自分だけ友達と遊びに行くのは、悶々としている夫を持つ妻には気兼ねになる、というようにそれは妻にとってもストレスの元になる。そのような夫をもつ妻がうつ症状を呈し、在宅夫症候群(2)（黒川、二〇〇五）と呼ばれています。退職期の夫婦にとっては切実な問題です。

前著『退職シニアと社会参加』（片桐、二〇一二a）では、退職後にすべきことが見いだせないシニアの問題の解決法の一つとして社会参加を提案しました。夫が社会参加に楽しみを感じ、外出する機会が増えることは、妻の生活満足度にもプラスの効果を示すという研究結果を紹介しました。地域と無縁に過ごしてきた夫にとっても、社会参加をすることで地域での友人ができ、地域社会へ溶け込む機会を得るケースを多数報告できました。さらに、退職シニアの社会参加は、参加する本人に心身ともにプラスの効果があり、夫婦にとっても問題の解決の一助になるだけでなく、社会から見ても社会の支え手としての貴重なリソースとなりうることを指摘しました。

しかしそうはいっても社会参加をするのは退職シニアにとって容易でないことは、マスコミなどでいまだに「地域デビュー」が取り上げられることでも明らかです。私のところにも時折新聞やテレビ、雑誌等の記者が取材にみえます。「地域デビュー」は社会において必要性があるけれど、多くの人がなかなかできていないために今でもニュース性があるのです。

2　社会参加位相モデル

仕事人間だった退職シニアにはなかなか難しい社会参加を促進阻害する要因や社会参加した結果について、個人、社会関係（人間関係）と社会という三つの視点から一つにまとめたモデルが社会参加位相モデル（片桐、二〇一二a）です（図1－1）。ここで簡単にモデルを説明してみましょう。

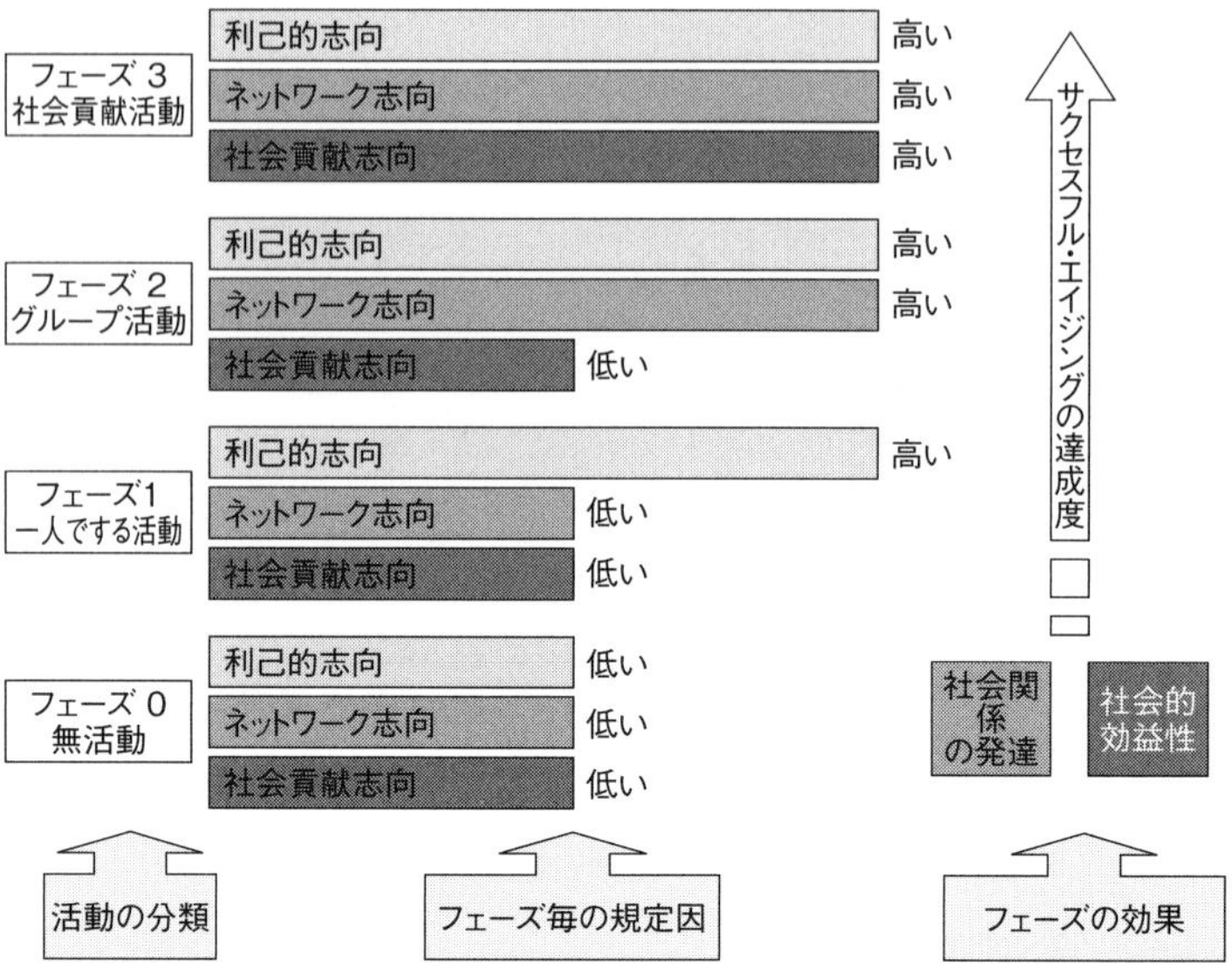

図 1-1　社会参加位相モデル　（片桐，2012a）を改変

このモデルの特徴は三つあります。第一に社会参加活動を四種類のフェーズに分類したこと、第二に四種類のフェーズを説明する三種類の志向性を想定したこと、第三にフェーズの違いによる効果を個人的な観点、社会関係からの観点と社会からみた観点から想定したことにあります。以下に詳しく説明しましょう。

第一に、社会参加活動の分類です。ひと口に社会参加活動といっても、その指し示す内容は広範で、前著に収録した過去の多くの研究もそれぞれに多様な活動を取り上げていました。しかし、写真が趣味でカメラを持って出かける人と、地域の防災ボランティアをしている人が同じ動機を持って活動をしているとはとても思えません。このように社会参加活動には様々な活動が含まれていることが、社会参加に関する包括的なモデルを提案することを困難にしていたとして、このモデルでは、まず社会参加活動を四つのフェーズに分類しています。「フェーズ0」では社会参加を何もしていない状態、「フェーズ1」は写真を撮ったり、盆栽をするなど、一人でする趣味をしている状態。「フェーズ2」は趣味や楽しみのグループに加入している状態、最後に「フェーズ3」では、ボランティアなど社会貢献活動グループに参加している状態です。そしてこれらのフェーズには階層性があるという想定です。つまり、フェーズが低い活動の方が活動に参加するハードルが低く、高くなるほど参加するのが容易でない、またフェーズが高いほど社会参加度が高いと想定しています。

第二に、これらのフェーズをわける大きな要因は、三つの志向性であると仮定しました。自分が楽しみたいとか健康でいたいという「利己的志向」、人とかかわりたいという「ネットワーク志向」、地域や社会のために役に立ちたいという「社会貢献志向」です。これらの三つの組み合わせのパターンによりどのフェーズの活動を行っているかが異なるとしています。つまり「フェーズ0」では三つの志向性がどれも低い、「フェーズ1」では「利己的志向」のみ高い、「フェーズ2」では「利己的志向」と「ネットワーク志向」が高く、「社会貢献志向」が低い、「フェーズ3」では三つの志向性がどれも高いと想定しています。

第三に、それぞれのフェーズの社会参加活動に参加した結果も異なるとして、個人に対しての効果と社会関係、社会からみた効果を仮定しました。個人に対する効果としては、主観的幸福感の様々な側面を「孤独感」「自尊心」「生活満足度」という三つの尺度で測定しています。高いフェーズの社会参加活動を行っているほど、主観的幸福感は高い、つまり「フェーズ3」の活動をしている人はそれ以外の人に比べて孤独感は低く、自尊心は高く、生活満足度は高いという違いが観察されました。さらにソーシャル・キャピタル(3)を測定する尺度である「一般的信頼(4)」は社会貢献度が高い「フェーズ3」が最も高いとするモデルです。

社会からみた効果として「社会的効益性」——社会からみた利益——を想定しました。何も社会参加活動をしないという「フェーズ0」に比べて、個人的な趣味活動をする状態では、趣味に関してなにがしかのお金を費やしていると考えられます。例えば写真が趣味の人は、カメラを購入したり、プリントをしたり、写真を撮影に行くために交通費がかかりますし、道すがら飲食をしたりもするでしょう。つまり経済活動をするという意味で、社会に貢献するということになります。「フェーズ2」の趣味・楽しみのためのグループ活動でも同様に経済活動をするでしょう。さらにグループ活動をすると高齢者の心身の健康状態が維持・改善されることが知られています。日本社会からみれば、医療費や介護費用が節約できることになります(片桐、二〇一二a)。

社会関係からみた効果では、一人では知り合いができないけれど、「フェーズ1」の趣味の活動をすれば、たとえ一人で写真を撮っていても、写真を介して人付き合いが始まるきっかけともなります。「フェーズ2」のグループに参加している状態になれば、地域の知り合いができます。

「フェーズ3」のボランティア活動では、「フェーズ2」までと同様経済的な出費もするでしょうし、社会参加活動一般よりさらに健康への効果が高いことが明らかになっています。つまり、医療費や介護費用のさらなる節約につながると考えられます。さらに、無償の生産活動として、日本社会に貢献することになります。このようにフェーズが高いほど社会的効益性も高い、と考えることができるでしょう。

質問紙調査による量的調査[5]と社会参加活動をしているシニアに対してのインタビュー調査による質的調査[6]を組み合わせた混合研究法[7]を用いてこのモデルの有効性を明らかにしています。

3　サードエイジをいかに生きるか

この社会参加位相モデルは二〇〇〇年から二〇〇八年の間に実施した社会調査やインタビュー調査のデータに基づいて考案したものです。ここで取り上げた社会参加活動の中には仕事（就労）は含まれていません。多くの社会老年学の社会参加に関する研究では、仕事（就労）をその中に含めていなかったという先行研究の流れもありましたし、仕事（就労）に関連する要因はほかの社会参加活動とはあまりにも異なるため、同じモデルで議論することには無理があると考えたためでした。

しかし、その後高齢者の就労をめぐる状況は大きく変わりました。二〇一五年には、団塊世代がすべて六五歳に達し、多数の高齢者層が登場しました。高年齢者雇用安定法も改正され、現在は六〇歳まで長く働き続けた会社において、六五歳まで継続就労することが可能になりました。つまり、六〇歳になった時点での選択肢が増えたことになります。とはいえ、現在でも多くの会社は六〇歳定年制をとっていますから、六〇歳になる時点で将来を考えるということは前と変わりません。ただ、自分が望めばあと五年間会社で働き続けることができるようになったということです。このような状況の変化を受け、就労を含めて考えることが必要だと思うようになりました。

会社員は六〇歳時点で、とりあえず今までの会社に残る、あるいはすっぱり辞める、という二者択一を迫られることになります。辞める、という選択肢を選んだ場合は、仕事から引退するのかどうかを決めなくてはなりません。転職、起業という形で、これまでの会社は辞めて別のところで働き続けるのか、仕事から完全に引退するのか、ということです。このように選択肢を並べると、仕事から完全に引退する、というのはかなり大きな意思決定になるように思えます。やりたいことがはっきりわかっていたり、新しい仕事をする行き先が決まっていれば喜んで今までの会社を辞めるでしょう。しかし、それがあいまいな場合は、積極的に仕事をしたいと思っていなくても、仕事を辞める、という決心をするよりは、今までと同じ会社で仕事を続けると決める方が楽でしょう。特に何か新しい仕事や会社でやりたいことがなければ、とりあえずそのまま働き続ける、という選択をしてしまいそうです。もちろんそれまで働いてきた会社や仲間に愛着があって積極的な選択をした結果、同じ会社で働き続けるという場合もあるでしょうが、消去法で残った結果の継続就労を選択したという人も多いように見受けます。

これをまとめると図1‐2のようになります。もちろん、これはいささか乱暴な議論であり、本人や家族の健康状態や介護、経済状態など、この意思決定にかかわる要因はほかにもたくさんあるでしょう。特に経済的な問題は意思決定に大きな影響を及ぼすのは間違いありません。しかし、六〇歳代をどう生きようか、ということを考えるには本人の気持ちも、着目すべき重要な要因であることは間違いないと

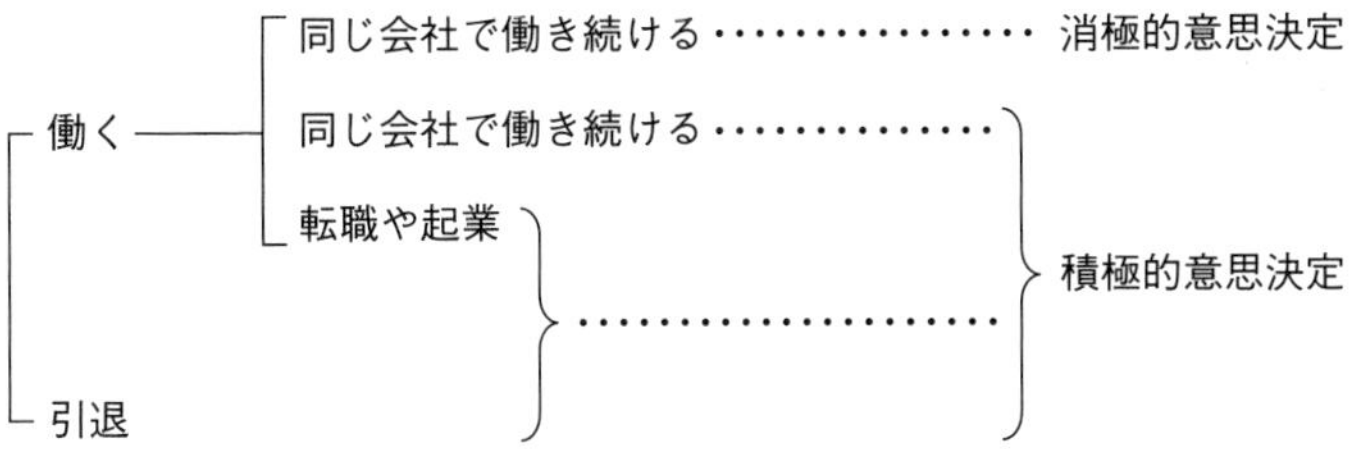

図 1-2　60 歳時点での就業にかかわる選択肢

思います。

この意思決定は、多くの人にとって「サードエイジ」の始まりとなります。人の生涯を大きく分類する考え方はいろいろありますが、大概はある年齢を分類のメルクマールにしています。しかし、昨今人の生き方の多様性が増え、一律に年齢を目安にすることが難しくなってきました。そこで年齢以外に着目する考え方が提案されるようになりました。その一つがラスレット（Laslet, 1987）の人生を四つの時期に分ける考え方です。ファーストエイジは親への依存と社会化をする未成熟と教育の時期、セカンドエイジは自立、成熟、責任と所得の時期、サードエイジは個人的な達成と実現の時期、そしてフォースエイジは最終的な依存と衰弱と死の時期であるとしています。

ラスレットは四つの時期が歴年齢の何歳に当たるのか、という関連づけをすることを否定していますが、彼のいう内容をライフステージの属性と関連づければ、ファーストエイジがいわゆる子どもから学生までの社会に出る前の時期、セカンドエイジがいわゆる現役世代、サードエイジは現役時代の後半から仕事から引退してのち、身体にいろいろ支障が出る前の時期に当たります。フォースエイジはその後の人生ということになるでしょう（表1－1）。

行政や研究者はＷＨＯ（世界保健機関）の定義に倣い、便宜的に六五歳か

表 1-1　ラスレットによるライフコース 4 段階区分説を基にした人生時期区分

分類	ファーストエイジ	セカンドエイジ	サードエイジ	フォースエイジ
特徴	依存，社会化，未成熟と教育	自立，成熟，責任と所得	個人的な達成と実現	最終的な依存と衰弱と死の時期
属性	子ども・学生	社会人	現役時代後半から引退後	引退後

ら七四歳を前期高齢者、七五歳以上を後期高齢者ということが多いですが、今の高齢者は歴年齢で一律に論じるにはあまりに多様性が大きいため、無理があります。そのためライフステージの観点を取り入れた四区分を用いる研究者が登場してきたのです。本書ではこのサードエイジに注目しています。

4　日本の高齢化の現状

ラスレットの指摘はありますが、人口統計学的に高齢化の現状を把握しておくことは重要です。ここで日本の高齢化の現状を確認しておきましょう。

一般的な高齢者の定義によれば、日本の二〇一五年時点で六五歳以上の高齢者は三三九二万人、七五歳以上の後期高齢者は一六四〇万人、高齢化率は二七パーセント弱、後期高齢者が人口に占める割合は約一三パーセントです（図1－3）。

高齢者全体の割合、特に後期高齢者の割合は今後さらに上昇していくと予想されており、生産人口（一五歳から六四歳）の減少と従属人口（一五歳未満と六五歳以上）の増大から、生産人口に当たる人たちの負担の大きさが問題視されています（図1－4）。

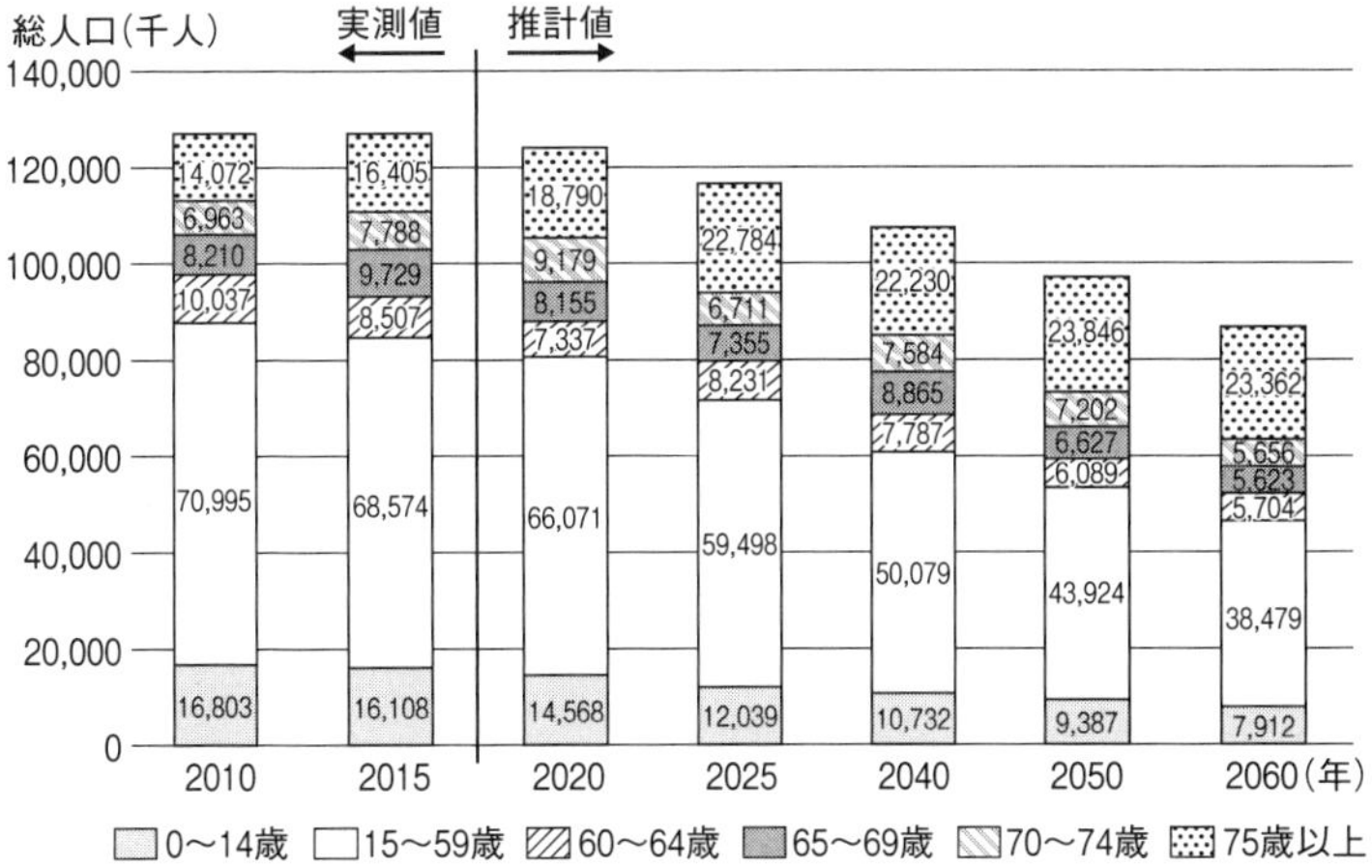

図 1-3　年齢区分別将来人口推計　（内閣府，2016a より作成）

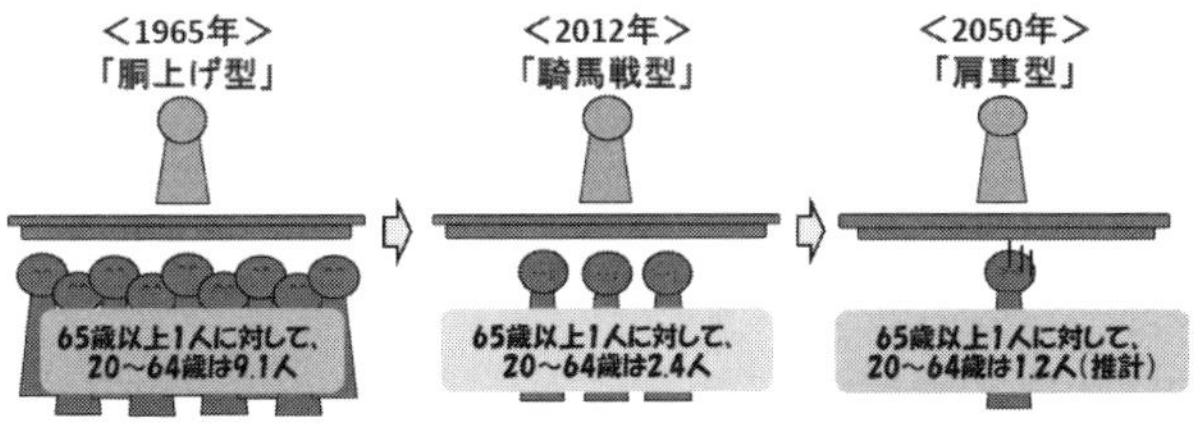

図 1-4　「肩車型社会」へ　（社会保障制度改革国民会議，2012）

生産人口の一人が従属人口一人を支えるという「肩車型社会」モデルは衝撃的でありますが、この計算結果は六五歳以上という年齢を一律に従属人口に入れてしまうことも原因です。本書で提案するようなサードエイジの選択が実現し彼らが活躍していけば、彼らはもはや従属人口を構成するのではなく、生産人口としてカウントされるので、もう少し楽観的な将来予想が可能になると思われます。

5　高齢期格差——下流老人問題

しかし、ここで一つ指摘しておかなくてはならないのは、ある程度安定した生活基盤が見込める人たちにしか選択の幅は広くはないということです。経済的に不安定であれば、とにかく収入を得る仕事を続けるという選択をせざるを得ないので、早々に引退するというオプションは採れないことになります。

近年「下流老人」という問題が指摘されています。下流老人とは生活保護基準相当で暮らす高齢者およびその恐れのある高齢者のことです（藤田、二〇一五）。これまで一億総中流時代を築きあげてきた団塊世代は、老後も豊かに過ごすことのできる人たちである、とみなされてきました。しかし、実は団塊世代は格差が大きく、経済的に問題を抱える人も多いということが最近明らかになってきました。団塊世代より前の世代までは、定年まで安定した収入がありましたが、団塊世代は最も多い収入が期待できる五〇歳代にバブルがはじけ、さらに後に続く不景気の時期が重なり、収入は減少、最悪の場合はリストラされたりという不遇を経験することになりました。老後に向け十分な貯蓄をすることができなかっ

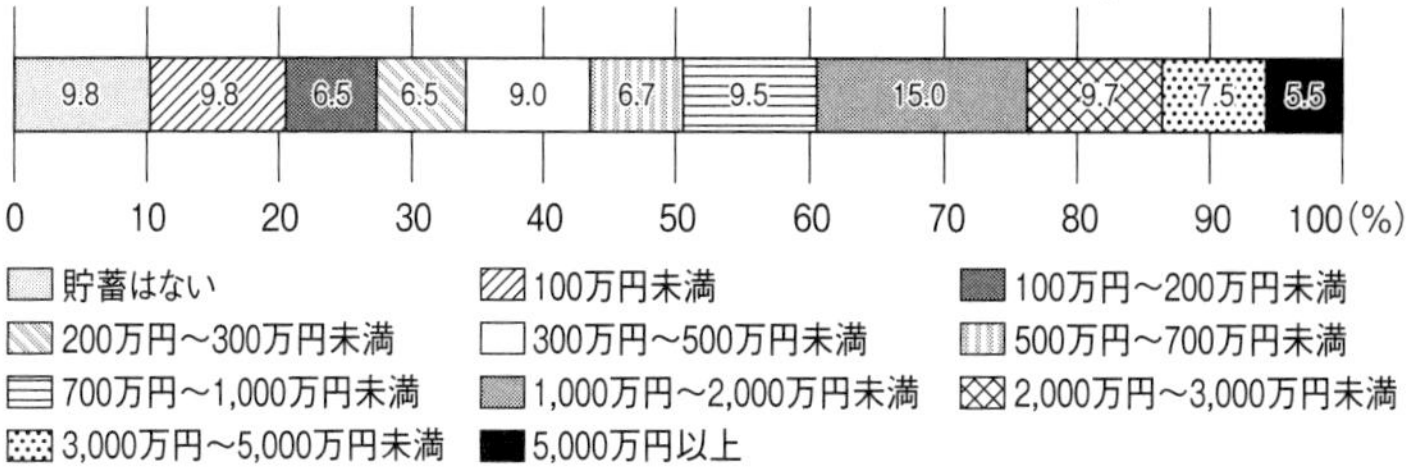

図 1-5　団塊世代の貯蓄額　（内閣府，2012 より作成）

た人も多いようです（図１－５）。二〇〇〇万円以上貯蓄のある人が二割強いる一方で、二〇〇万円未満しか貯蓄がない人は三割弱に達します。

さらに定年後に親の介護と自立できない子どもの両方を養うという状況に直面している人も少なくありません。自営業の多い親の世代の年金は少なく、介護サービスを利用しようとすれば親自身の年金では足らず子どもである団塊世代の持ち出しになってしまいます。また団塊世代の子どもの団塊ジュニア世代は、就職する頃にちょうど就職氷河期に当たり、就労生活の最初につまずき、そのまま不安定な就労に陥ってしまった人も多い世代です。子どもたちがいったんは就職して家を出ていっても、離職を機に不安定就労に陥って自活できなくなったり、時には離婚して子どもを連れて実家に戻ってきたりすれば、子どもの家族も養わなくてはなりません。それ以前の世代は、子どもがいったん就職すれば自活し、安定した家庭生活を築き、孫もできて祖父母になって、親役割を終了できたものでした。しかし、団塊世代は崩壊しそうな家族の要となり、六〇歳定年で辞めることはできず、六五歳になり現役世代の会社での仕事ができなくなっても家族を支えるためにさらに違う場で働き続けざるを得ないということにもなるのです。団塊世代にはこういう経済的逼迫から、働くという選択肢しか

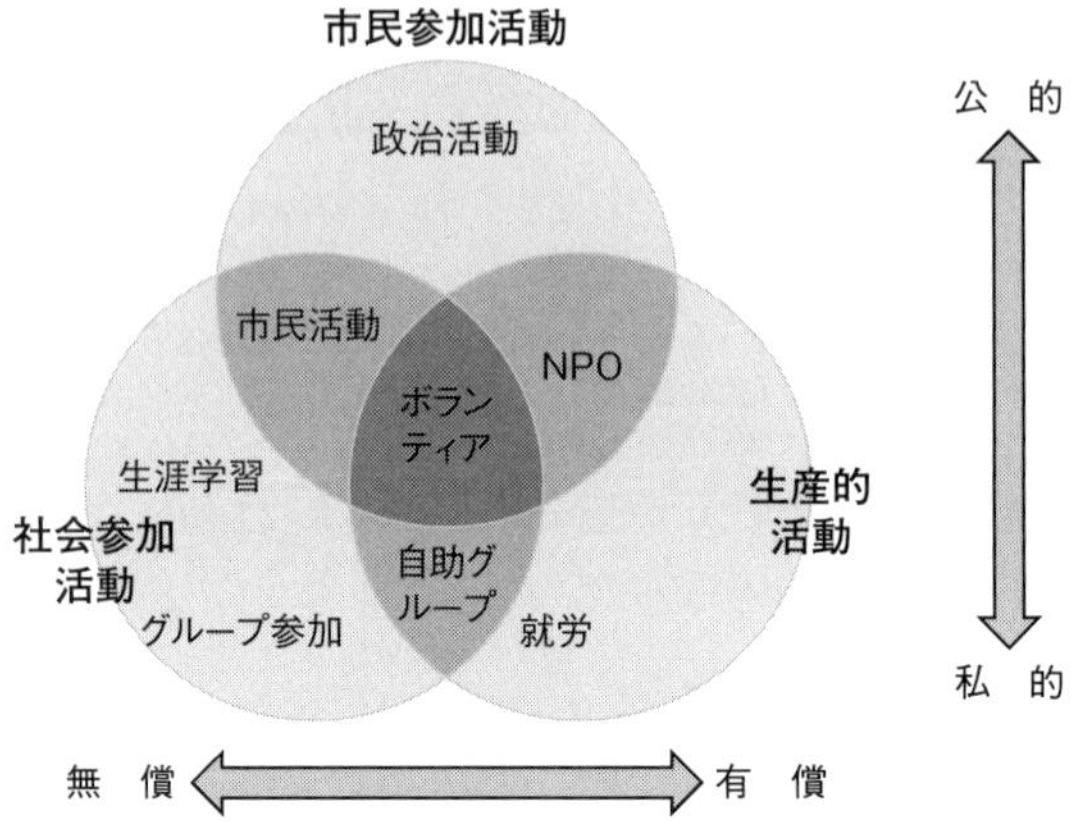

図 1-6　社会参加活動と類似概念　（片桐，2012b）

持たない人も実は多く含まれるということは念頭においておく必要があるでしょう。

6　社会参加活動と関連する概念

このような現状を踏まえると現在のサードエイジの選択肢として、社会参加位相モデルで取り上げた社会参加活動に加えて、現在では就労も選択肢の一つとして考える方が適当であると考えるべきでしょう。しかし、退職シニアたちの社会とのかかわりを捉えるのにこれで十分でしょうか。

図1－6は社会参加活動と類似概念について整理したモデルです。ここでは社会参加活動に類似する概念として、生産的活動と市民参加活動を取り上げています。生産的活動とは有償か無償かにかかわらず、社会に役に立つ財を作り出す活動です。典型的な有償労働が就労であり、無償労働の例はボランティア活動でしょう。また家庭での家事労働や介護も無償労働に含まれます。市民参加活動とは、社

会の一員としての市民が果たすべき活動であり、ボランティアなどの市民活動や政治的活動などが含まれます。

これらの三種類の活動、社会参加活動、生産的活動、市民参加活動は有償か無償かという軸と公的か私的かという二つの軸上に位置づけることができます。例えばボランティアは社会参加活動であり、無償労働という生産的活動であり、市民参加活動でもあるというように、いずれの活動にも該当します。これらの活動にはボランティア活動のように三つの活動に共通するとして考えられるものがある一方で、それぞれの固有の活動領域があると考えられます。例えば社会参加活動における一人でする趣味、生産的活動における就労などです。そしてこれらの三つの活動の和集合全体が、サードエイジの活動の選択肢となり得るのではないでしょうか。つまり、現役時代と同じように働き続ける、あるいは就労は続けるけれど、傍らで無償ボランティアをする。就労する時間を減らして、これまで時間がなくてあまりできなかった趣味活動を極める、あるいは始めてみる。会社は辞めて地域社会に役立つようなNPOの職員になる、あるいは有償ボランティアになる、など、これらの三つの活動領域から時には組み合わせて自在に選択できるということです。

老年学[8]で論じられてきた高齢者の社会参加は、ハヴィガーストらのいう、活動理論（Havighurst 1961; Havighurst et al., 1964）という、できるだけ中年期の活動を続けていく方が高齢者にとっていいのだ、という考え方の流れに位置づけられます。寿命が長くなって生じる引退後の人生を無為に過ごさないために、よりよく生きるために、という考え方はゼロやマイナスをプラスに転じる、という考え方のように思えます。さらにいえば、たまたま長生きできたので、それを無駄にしないために、というニュアンスもあると思います。しかし、ここまで平均寿命や健康寿命(9)が延伸すれば、サードエイジはだれもが経験する人生の一時期になります。今はサードエイジを過ごすということを当然と想定する時代になったということです。これからのサードエイジの生き方は、マイナスをゼロにするという消極的なものではなく、プラスをより大きくすることを考えなければならないという時代になっているのではないでしょうか。それには社会参加活動では不足なため、社会参加活動、生産的活動、市民参加活動という概念を取り入れていく必要があるのです。

7　置き去りにされてきた市民参加

社会参加活動

社会老年学では、社会参加活動（あるいは社会的活動）と生産的活動、市民参加活動はそれぞれ独自の研究テーマとして検討されてきました。別個の依拠する理論があり、それぞれその理論を発展させてきました。

先ほども述べたように、社会参加活動は高齢者と社会との積極的なかかわりが高齢者にとっていいことだという活動理論の流れをくんでいます。これは加齢につれどう生きていくことがいいのかという考えに端を発しています。それは徐々に社会から離れていく方がいいとする離脱理論（Cumming & Henry, 1961）に対して、中年期の活動性をできるだけ長く継続させた方がいいと主張する活動理論の論争という形から始まりました。離脱理論は、例えば会社の中枢でバリバリ働いていた地位から外れる、さらに会社を辞める、いくつもの地域のグループに参加して活発に活動していたけれど、すべてに参加するのがきつくなり、参加グループを減らす、あるいは参加をあきらめる、など、社会とのかかわり方が高齢になるに従って減っていくという現象に対して、高齢者自身もそれを自然のことだと受けとめており、ウェルビーイング[10]のためにもその方がいいのだ、という考え方です。活動理論はそれに対して、自ら努力して、できるだけ中年期の活動レベルを維持した方がいい、仕事を引退したら、それに代わる地域活動に活発に取り組んだ方がいい、とする考え方です。

双方の理論に基づき論争がおきましたが、結論としては活動理論が支持されました。つまり、できるだけ活発に活動を続けている人の方がその後の健康状態がよかったということが明らかになりました。このように活動理論は社会的弱者として捉えられていた高齢者ができるだけ長く健康で生きるために、という問いから発展した考えで、加齢によるマイナスを生じさせないために、という発想に基づくといえます。

生産的活動

生産的活動とは、厳密に言えばプラスのリターンが伴う活動のことです。狭義では、お金で測られる報酬を伴う投資ということになりますが、より広義に社会的、心理的意味を包含したリターンを含める考え方も多くなってきました（Sherraden et al., 2001）。

この考えを高齢者に当てはめたのがバトラーらです（Butler & Gleason, 1985）。彼らは高齢者の行っている活動をより積極的に評価しよう、つまり生産的活動を有償労働に限定すると、高齢者の活動は生産的活動としては評価されてこなかったが、無償労働を含む生産的活動という概念に拡張すれば、高齢者の行っている活動を社会的に積極的に評価できるという考え方を主張しました。無償労働であるボランティアや、家事や育児、介護といった家庭内の活動に対して、もしそれらを外部サービスに委託すればどのくらい対価を払うことになるのか、と考えれば、実際の支払いは行われないものの、経済的な価値も算出することが可能になるので、生産的活動に含めるべきだ、という考え方です。

市民参加活動

市民参加活動は、アメリカを中心とした社会老年学の分野では、主としてボランティアと政治参加として定義されてきました（Martinson & Minkler, 2006）。しかし「市民参加《シビック・エンゲイジメント》」という言葉も非常にあいまいに多義的な意味で用いられています。例えばエックマンとアンマ（Ekman & Amnå, 2012）らは、この言葉はバズワード[11]として用いられ、投票行動から、チャリティへの寄付、人々と一緒にボウリングをすること、政治集会への参加などまですべてをカバーする言葉として用いられてきた、と指摘しています。ボウリングの例は、有名なパットナム（Putnum, 2001）の本で、アメリカのソーシャル・キャピタルの減衰のイメージを絶妙に表したタイトル『孤独なボウリング』を指し、つまりソーシャル・キャピタルのことを意味しています。ソーシャル・キャピタル自体も広義から狭義まで様々な論争がある言葉です。しかしここではその本質論について議論をすることよりも、シニアの社会とのかかわりとして、これまで論じられてこなかった領域に目を向けることが重要と考えます。詳しくは第2章で述べることにします。

このように社会参加活動、生産的活動、市民参加活動は、それぞれの研究の文脈から別々の研究テーマとして営々と議論されてきたものです。しかし、ここではそういう背景に注目するのではなく、サードエイジに積極的に人生を生きる選択肢として包括的に捉えることを提案したいと思います。

日本の社会老年学の知見に目を向ければ、実はこの三つの活動のすべてが研究テーマとして取り上げられてはいません。市民参加活動に関する研究、特に政治的な活動に関連する研究は日本ではほとんど行われてこなかったのが現状です。それは、市民革命を経ていないために、日本においては西欧社会でいうところの市民が育ってこなかった（小野寺、二〇一五）という議論や、一般的には宗教と政治についでは取り上げにくい、といった慣習など様々な原因が考えられます。また、アメリカのＡＡＲＰ[12]のような高齢者の積極的な政治的な活動がみられないということも要因かもしれません。

しかし、日本においても選挙ではいつも高齢者の投票率は他の世代より高いですし、これからのシニアの活動を考える際には、市民参加という概念の重要性は増していくと思います。

日本においては二〇〇〇年に「二一世紀における国民健康づくり運動（健康日本21）」が提唱されて

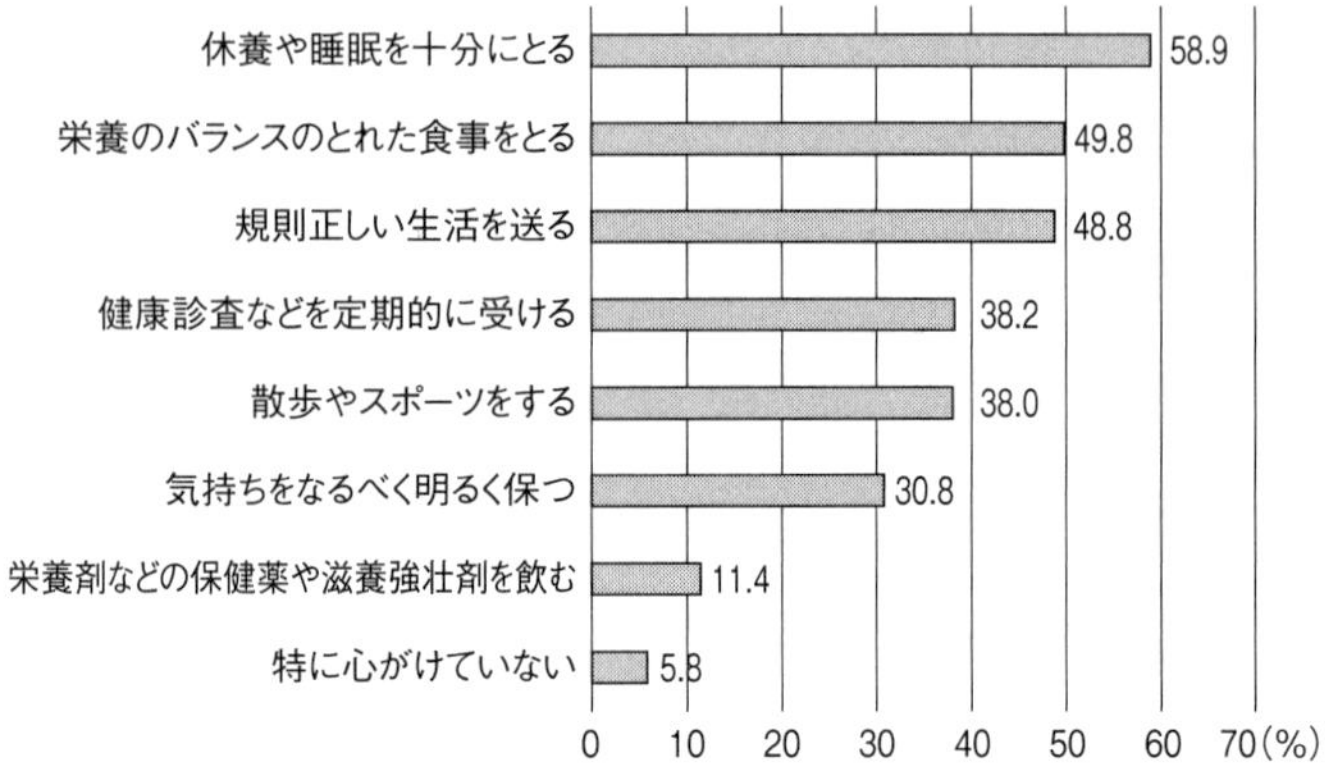

図 1–7　健康の維持増進のために心がけていること（内閣府，2013 より作成）

以来、健康寿命の延伸、ということが大きなテーマとなってきました。個人に対するアプローチから、地方行政による住民の健康行動の改善、地域のソーシャル・キャピタルと健康の関連をみる研究など、様々な取り組みが「健康」という効果の実現を目指して行われてきました。高齢者自身の健康への関心も高く、例えば内閣府が行った「平成二四年度高齢者の健康に関する意識調査結果」によれば、「休養や睡眠を十分にとる」五八・九パーセント、「規則正しい生活を送る」と、「栄養のバランスのとれた食事をとる」が五〇パーセント弱など健康を気にかけた生活を心がけている様子がうかがえます。「特に心がけていない」という回答は六パーセントにすぎません（図１－７）。

健康は主観的幸福感の基盤をなすものですし、高齢者の場合、もちろん自分ができるだけ健康であり続けたい、という願いだけでなく、介護が必要な状態になって、家族に面倒をかけたくない、という思いがあります。自分自身が介護が必要になった場合に困ることの筆頭に、七割弱の人が「家族に肉体的・精神的負担をかけること」と答えています（内閣府、二〇〇三）。

しかし、自分が健康で家族に迷惑をかけさえしなければいいのでしょうか。極端に言えば今後ますます高齢化が進む日本において、人口の三割近くを占める高齢者層が自分と家族のことだけを考えて、社会のことにあまり関心を持たない、というのでは日本社会はたちゆかなくなります。これは高齢大国日本としては由々しき問題です。

また、高齢者自身にも家族以外の社会の人々とのつながり、グラノベッターのいう「弱い絆[13]」(Granovetter, 1973) や、社会的役割は重要な意味があります。そもそも人々を強く結びつける「家族」という存在そのものの弱体化が指摘されて久しくなります。大家族から核家族へ、さらに個人へ、という流れは（山田昌弘、二〇〇四）、人数の減少だけでなく、関係性の弱体化も意味しています。さらに、災害にあったり、病気になったりしたときには、遠くに住む家族が駆けつけるには時間がかかり、緊急事態には間に合わないために、家族より近くに住む地域社会において助けてくれるような人がいることが、安心して暮らすためには必要です。さらに、「弱い絆」理論が想定しているのは、親戚や昔からのご近所付き合いのような強い絆によるネットワークでは得られる情報が似通って限定的になるのに対し、弱い絆で結ばれたより広いネットワークからは、多様な情報を得ることができるということです。例えば地域イベントの開催から防災訓練の実施など多岐にわたる地域社会の情報も、広いネットワークがあれば自分に有用なものをより容易に得ることができるでしょう。広いネットワークがあれば、その中で果たせる社会的役割の可能性も広がるでしょう。

家族以外の人との関係がいかに重要かを示す高齢者の閉じこもりに関する研究例があります。一週間に一回も外出しない閉じこもりの状態になると、一年半後に日常活動動作（ADL）において介助が必要な状態になるリスクが高まる（原田ら、二〇〇六）という研究結果は、人間は家族と接しているだけでは十分ではない、他の人間と交わることによる何らかの刺激の必要性を示唆しています。つまり、家の中で食事に気を付けて、適度な運動をしているだけでは、不十分だということです。からだが不自由になってきた高齢の親を心配するあまり、外出を制限したり、時間が多少かかっても高齢者自身ができることを家族がやってあげてしまう、というようなことを日本社会では、優しい親孝行として捉える文化がありますが、このような研究結果からは、実は高齢者にとってかえってよくない結果を招くことになりかねないことが示唆されます。[14]

そのような優しい子どもがいる一方で、高齢者をターゲットとした振り込め詐欺のような犯罪の存在は、家族間のふだんのコミュニケーションの希薄さをうかがわせます。また逆に高齢者自身が加害者である高齢者犯罪の増加の要因の一つに、彼らの孤独やさみしさがあるといわれています（浜井、二〇〇九／堀田・湯原、二〇一〇）。

高齢者単身世帯や老夫婦のみの世帯が増加し、二〇一四年にはこれらを合わせた高齢者のみ世帯は五六パーセントになりました（図1－8）。しかし、さみしさの要因は世帯構成の変化だけが要因ではありません。高齢者のさみしさの要因は家族との関係の希薄化に負うところが大きいと思われます。

図1－9はスウェーデン、ドイツ、アメリカと日本の四か国について、高齢者が別居子とどの程度交

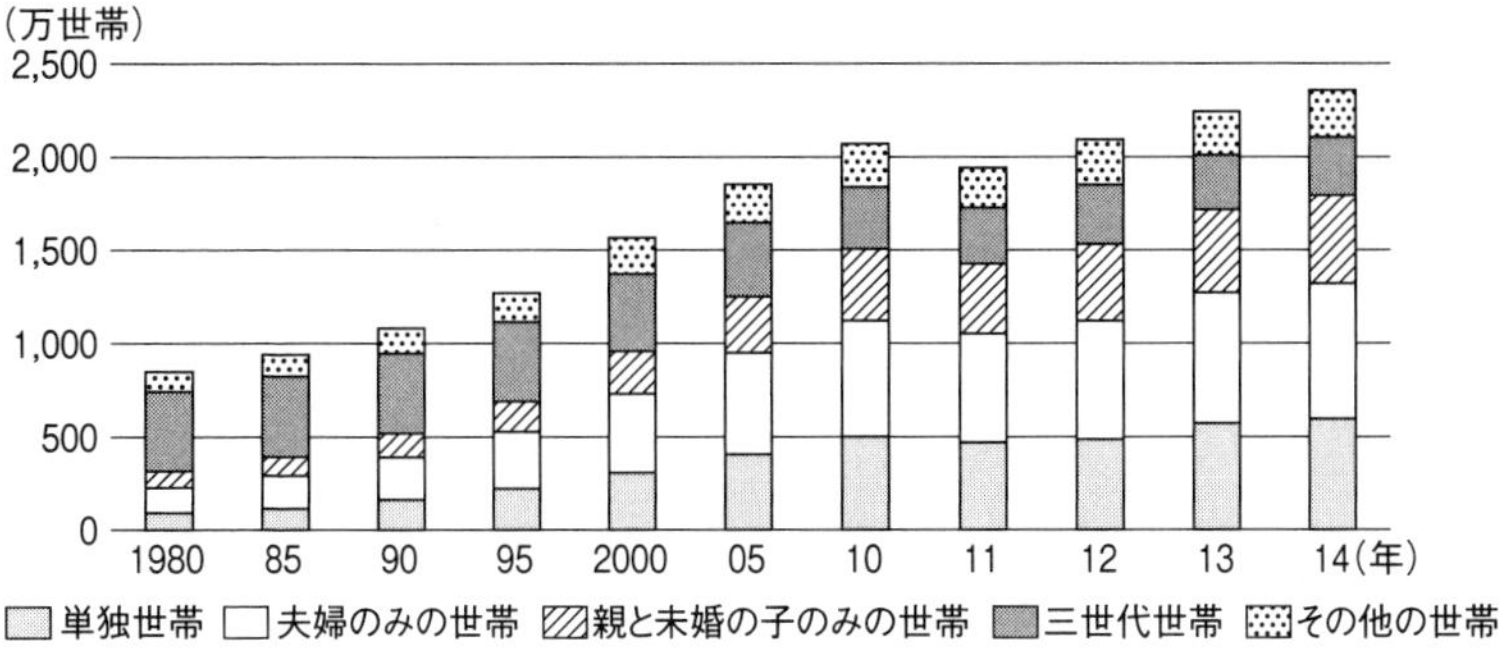

図 1-8　65 歳以上の者のいる世帯数（世帯構造別）　（内閣府，2106a より作成）

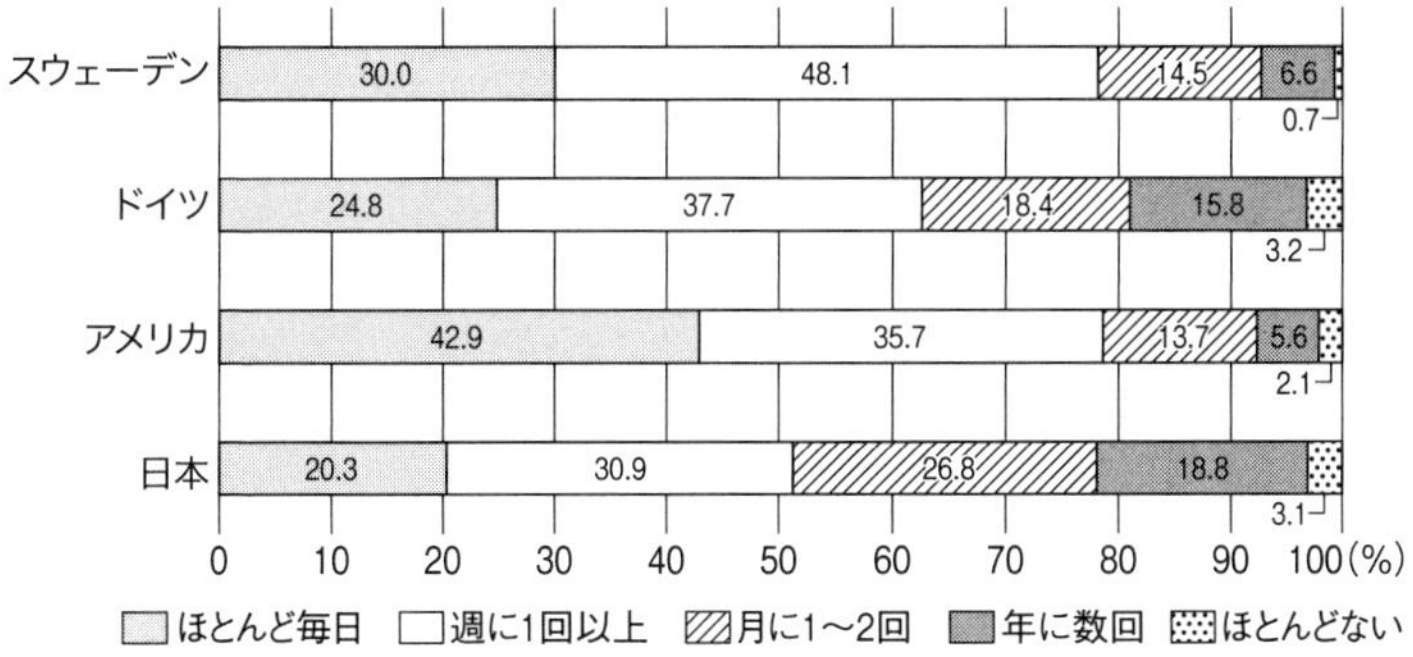

図 1-9　別居している子との接触頻度　（内閣府，2016b より作成）

流しているかを示したものです。日本の高齢者の別居の子どもとの交流頻度（子どもとの接触は実際に会うことのほか、電話などによる接触を含む）は四か国の中で最も少なく、週一回以上交流している高齢者の割合はかろうじて半数を超える程度です。このような家族間の交流の乏しさがさみしさにつながり、振り込め詐欺のターゲットになったり、逆に犯罪を犯したりする状態を作り出しているとも考えられます。

核家族化と家族の個人化の傾向は止まりそうにもなく、家族のみで高齢者を支えるという設定はもはや不可能です。社会、というとなにかたいそうに思われるかもしれませんが、家族という緊密な関係の人以外とのかかわりで生きる場面を「社会」と捉えるならば、サードエイジ以降も社会とのかかわりを保ちながら暮らしていくということは、ひいては高齢者自身の心身の健康にも跳ね返ってくる問題といえるでしょう。サードエイジになってからどのように社会とのかかわりを保つのか、社会参加をし続けるかについては、続く第2章でいくつかの領域を設定して、さらに深く探っていきます。これはつまりシニアが市民としていかに社会に関与し続けるかを考える、ということにほかなりません。

（1）ぬれ落葉——定年後にすることがなく、濡れた落ち葉が道にべったりとくっつくように、妻にまとわりつき依存する夫のありさまを諷した造語。

（2）在宅夫症候群——定年後に、一日中家にいて、家事も手伝わずテレビを見てゴロゴロしているような夫にストレスを感じる妻が呈するうつ症状。参照、黒川順夫（二〇〇五）新・主人在宅ストレス症候群　双葉社

（3）ソーシャル・キャピタル――人々の協調行動が活発化することにより社会の効率性を高めることができるという考え方のもとで、ソーシャル・キャピタルの高さと人々の間の信頼関係、規範、互酬性の関連を説くもの。定義は様々だが、その基本的な構成要素として社会における信頼・規範・ネットワークを含む。参照、稲葉陽二（二〇一一）ソーシャル・キャピタル入門――孤立から絆へ　中央公論新社、パットナム、R・D（二〇〇六）孤独なボウリング――米国コミュニティの崩壊と再生　柴内康文訳　柏書房

（4）一般的信頼――他者一般に対する信頼。参照、山岸俊男（一九九八）、信頼の構造――こころと社会の進化ゲーム、東京大学出版会

（5）量的調査――回答者のデータを数値化して記述したり分析したりする調査方法。質問紙調査や実験が代表的な方法。定量調査。質問紙調査は人々の意見や態度について調査し、それらの態度や意見と基本的属性などの間の関連を統計分析などを用いて検討する。時系列的に調査を行わなければ因果関係は検討できない。大学などの研究機関が行う学術調査、官公庁などが行う統計調査、官公庁やマスメディアが行う世論調査、マスメディアが行う選挙結果の予測調査、企業などが行うマーケティング・リサーチなどがある。実験は、原因となる変数以外の変数の状態を一定にして、結果となる変数を確認するため、変数間の因果関係の確認を行いやすいが、結果を一般化しにくい。

（6）質的調査――質的なデータを収集して記述・分析する調査方法。インタビューや参与観察のような定型化されない方法でデータを集める。結果については、言葉による記述と分析を中心とする。定性調査。ある事象を深く理解したいときに用いられることが多い。

（7）混合研究法――量的調査と質的調査を併用する調査方法。

（8）老年学――第二次世界大戦後頃に、人類の寿命をいかに伸ばすか、という観点で主として医学系を中心に

始まった。その後、ただ長生きをするのではなく、人間らしく生きることや、生活の質に関心が移り、社会学系の視点も取り入れられるようになり、社会老年学分野が登場した。現在では医学、看護、介護や福祉、社会学や心理学、法学、経済学など多くの学問分野の領域から成る学際的な学問となって発展。参照、大内尉義、秋山弘子、折茂肇（編集）（二〇一〇）新老年学第3版　東京大学出版会

（9）健康寿命――健康上の問題がなく日常生活を普通に送れる状態のことを指す。

（10）ウェルビーイング――身体的・精神的および社会的に良好な状態。

（11）バズワード――明確な定義や範囲が定まっておらず、都合よく引用されるような新語や造語、フレーズのこと。

（12）AARP――以前はアメリカ退職者協会（American Association of Retired Persons）という名称であったが、現在はAARPが公式の組織名。アメリカにおける退職者のための非営利組織。

（13）弱い絆――身近でなく、やや疎遠、あるいは日頃はそれほどの交流のない人々との絆。

（14）ADL――日常生活動作（activity of daily living）。食事・更衣・移動・排泄・整容・入浴など生活を営む上で不可欠な基本的行動。

第2章　シニアと社会とのかかわり

前章では、社会参加活動から広げて生産的活動や市民参加活動までを視野に入れたほうがこれからのサードエイジの選択肢としてふさわしいということを提案しました。「社会参加位相モデル」は従来個人の幸福な老いという観点から論じられてきた「社会参加活動」を社会からみる、という視点を取り入れた点に新しさがありましたが、現在のサードエイジを考えるには、「社会参加活動」だけでは不足で、「生産的活動」と「市民参加活動」を視野に入れるべきだという主張です。

では、今のシニアはこれらの活動をどの程度行っているのでしょうか。最近の活動の傾向の変化や、他国の状況との比較をしながら、シニアの実相を示していきたいと思います。

1　社会参加の現状

グループ活動参加

前章で社会参加活動という言葉は広い活動範囲を含むことを指摘しましたが、国の統計などで通常社

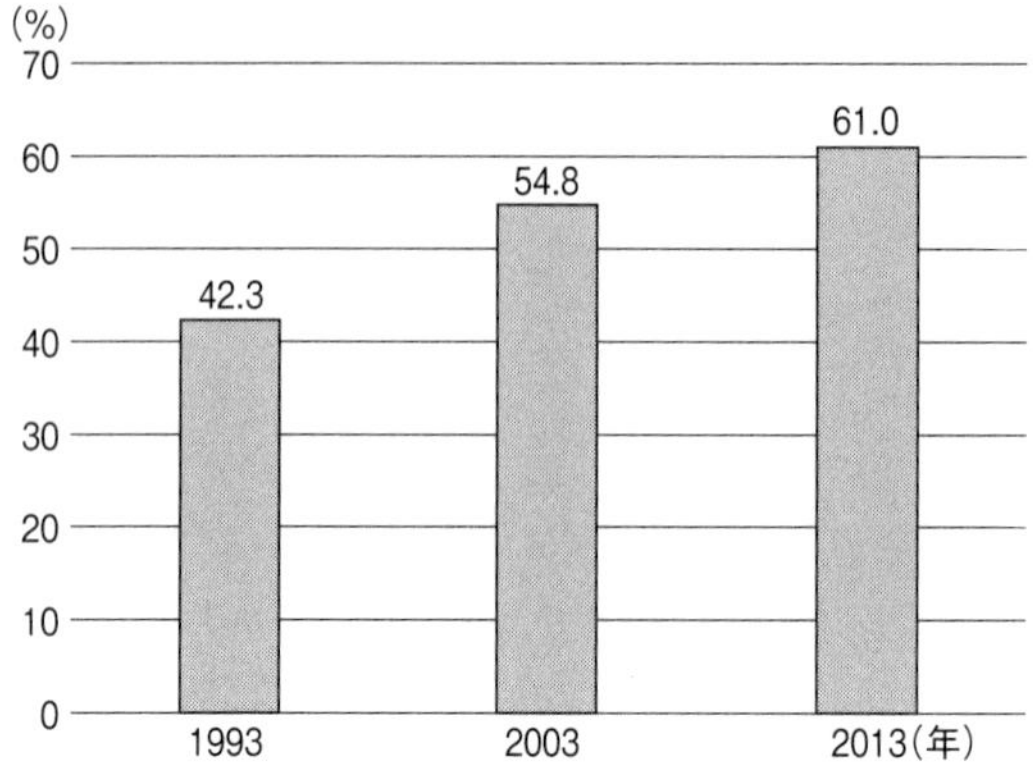

図 2-1　グループ参加率の推移（内閣府，2016a より作成）

会参加として扱われるのは「グループへの参加」です。

図2－1は過去二〇年間の全国六〇歳以上の男女について、グループ活動に参加したことがあるかをたずねたものです。この統計によれば着実に高齢者のグループ参加率は上昇しているようです。

図2－2は社会参加の具体的なグループ活動の種類とそれぞれの参加率の変化を一九九三年から一〇年ごとにみたものです。「趣味」と「地域行事」は二〇一三年に減少していますが、そのほかの活動は増加しています。最も上昇率が高かったのは「健康・スポーツ」です。スポーツジムの利用者の年齢についての経済産業省の調査結果（二〇一六a）では、二〇一四年には六〇歳代以上が約三割と他の世代に比べて最も多くなっています。同報告書ではその理由を高齢者の健康志向の高まりからであると説明しているように、「健康・スポーツ」の上昇は近年の高齢者の健康志向を裏付けるでしょう。それに対して地域とのかかわりや社会貢献的な活動（「地域行事」「生活環境改善」「安全

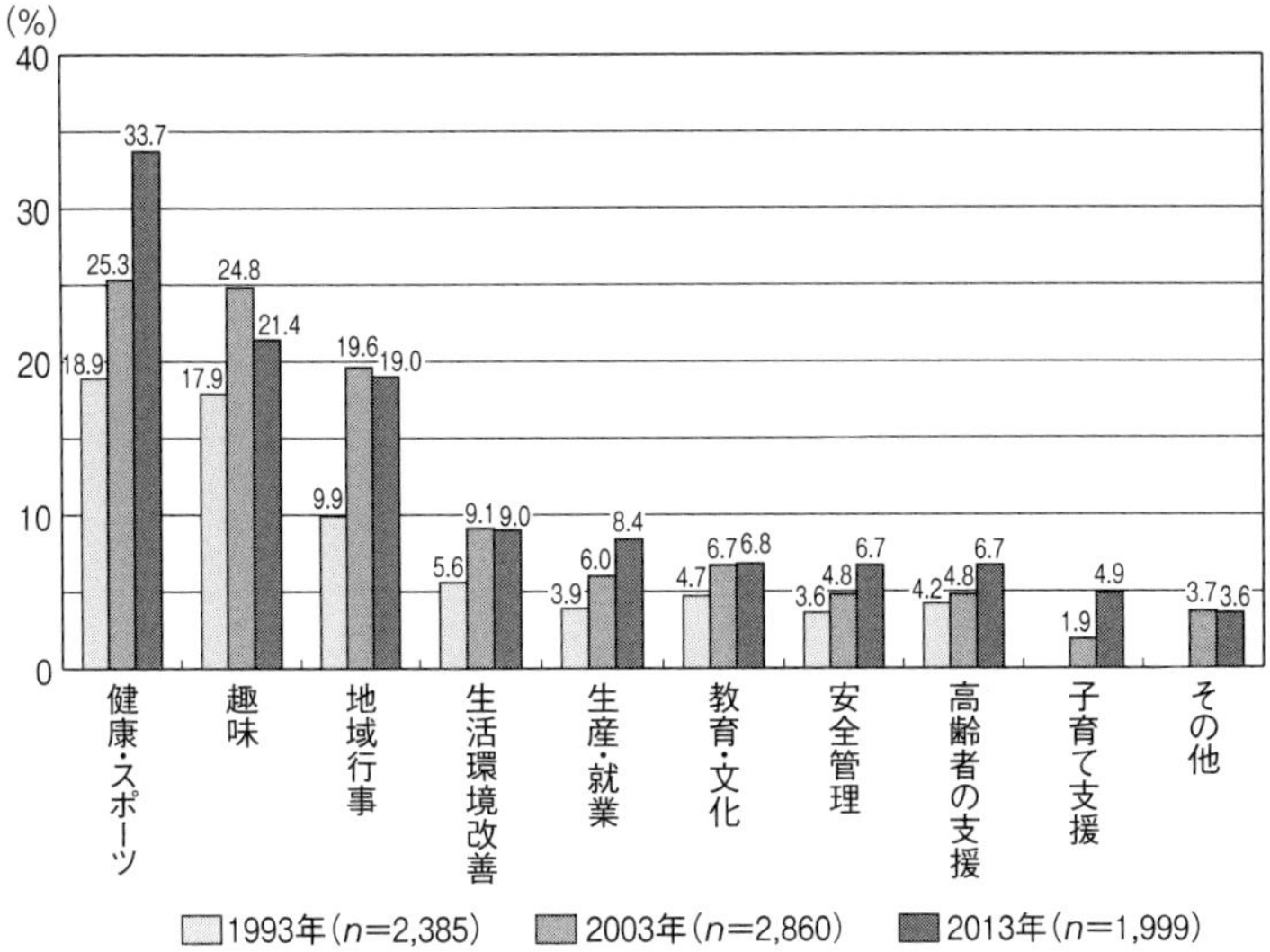

図 2-2　高齢者のグループ活動への参加状況　（内閣府，2016a より作成）

管理」「高齢者の支援」「子育て支援」）にはそれほど大きな変化はみられません。

今後高齢者の人口増加は、都市部に集中して増加すると予想されています（内閣府、二〇一六a）。グループ参加率にみるように、社会参加率が国全体では上昇しているとはいっても（図2－1）、前著『退職シニアと社会参加』（片桐、二〇一二a）でも紹介しましたが、都市部に注目すると社会参加率は近年顕著に減少している現状があります（図2－3）。このグラフは一般的に未婚者に比べて参加率が高い既婚者についてのグラフなので、全体ではもう少し数値は減少するでしょう。その背景として前著では経済的不況が長引き、お金のかかる趣味などのグループへの参加を控えるようになったこと、グループより一人で楽しむ、という志向性の個人化が進行したこと、六〇歳代前半の就業率が上昇

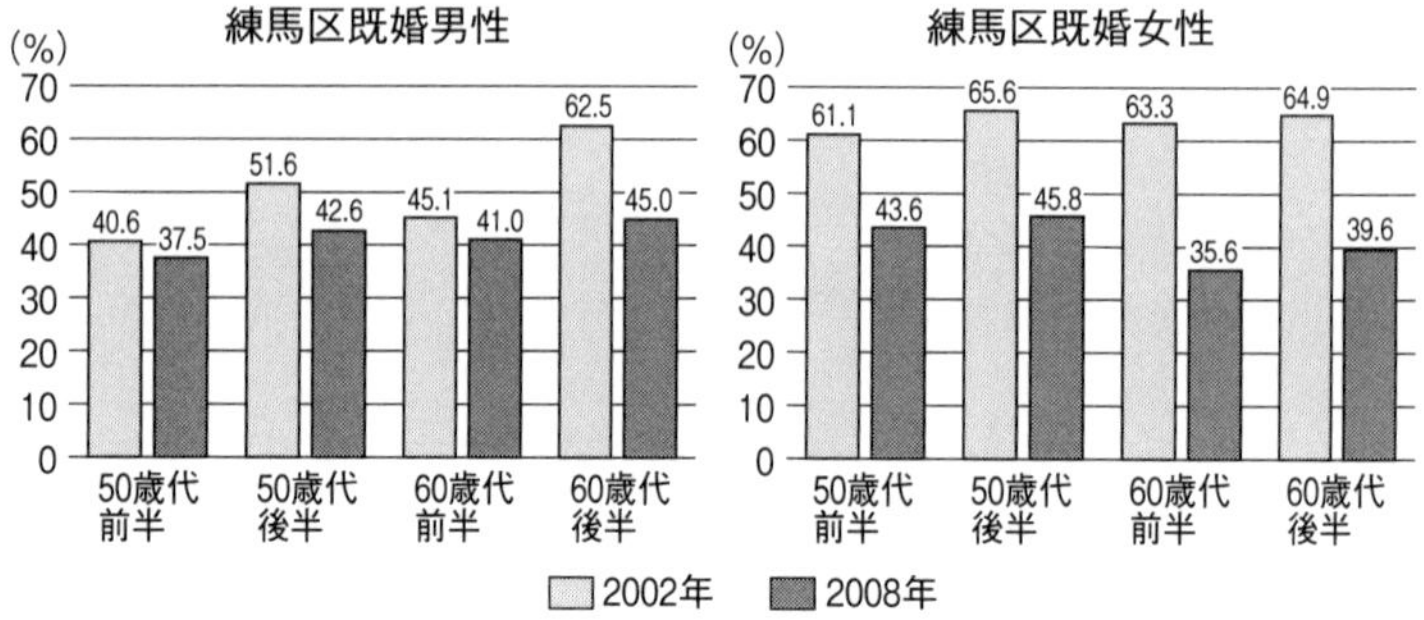

図 2-3　社会参加率の変化　（片桐，2012a）

したこと、一般的に賃貸に住む人の方が持ち家に住む人より地域とのかかわりが薄く、社会参加率も低いのですが、賃貸に住む人が増え持ち家に住む人が減少したこと、などの複合的な背景があると考察しました。今後さらに社会参加率の低い都市部の高齢者人口が増加すると予想されていますし、未婚率もさらに上昇すると推測されているので、国全体の社会参加率はこれまでのようには上昇しないことも考えられます。

ボランティア参加

次に社会参加活動の中でボランティア参加をみてみましょう。図2－4は二〇〇五年から五年おきに、六〇歳以上の高齢者がどのようなボランティア活動をしているかを表したグラフです。一〇年を通して傾向は変わらず、「近隣の公園や通りなどの掃除等の美化運動」と「地域行事、まちづくり活動」への参加が最も多くなっています。自分の住む地域での清掃や行事への参加という身近な生活の中での活動をしている様子が読み取れます。

では、ボランティア活動の程度や活動内容は、諸外国と比べて違

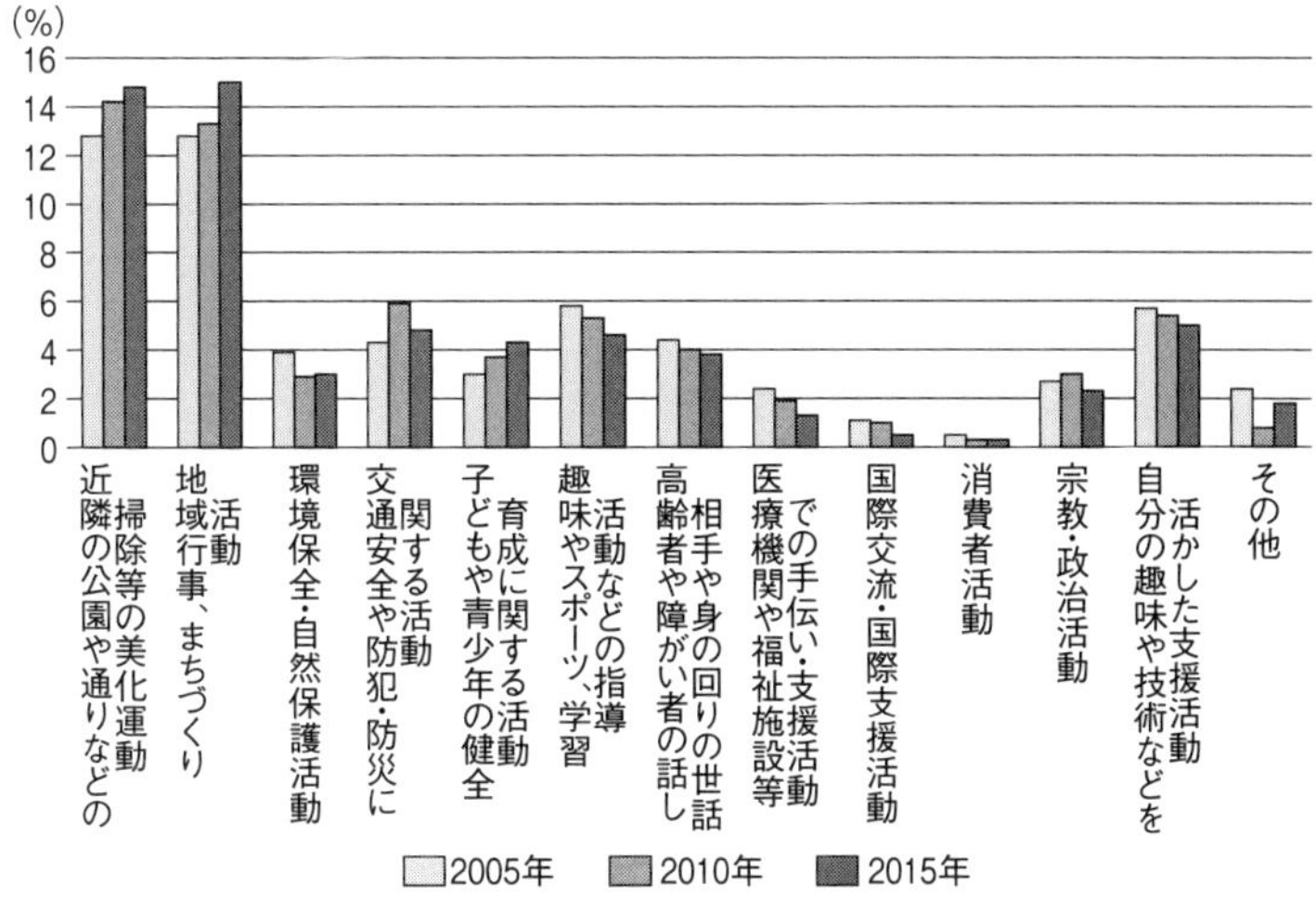

図 2-4　高齢者のボランティアの活動率の内容別推移（内閣府，2015 より作成）

いがあるのでしょうか。

図２－５はボランティアに参加していない六〇歳以上の人の割合を二〇一五年に実施された国際比較調査の結果によりアメリカ、ドイツ、スウェーデン、日本の四か国で比べたものです。日本が五割弱と最も不参加率が高く、ドイツも四割強と半分近い人が参加していないのに対し、アメリカと、スウェーデンは二割強と活発にボランティア活動をしている人が多くなっています。

では活動内容にはどのような違いがあるのでしょうか。図２－６は四か国のボランティア活動を内容別に比較したものです。

日本では「近隣の公園や通りなどの掃除等の美化運動」や「地域行事、まちづくり活動」など地域に根差した活動が多いという傾向がありましたが、アメリカでは「宗教・政治活動」に三分の一の人が参加しており、スウェーデンでは、「高齢者や障がい

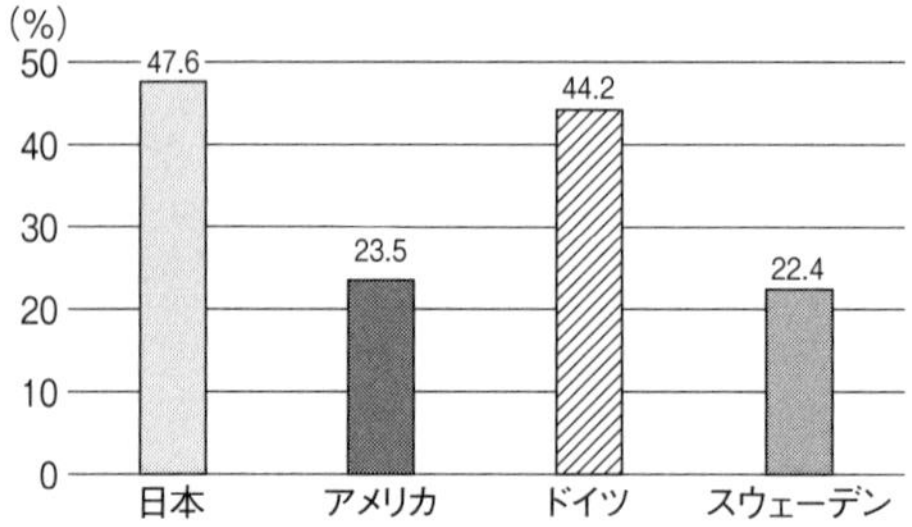

図 2-5　高齢者のボランティア不参加率の国際比較（内閣府，2016b より作成）

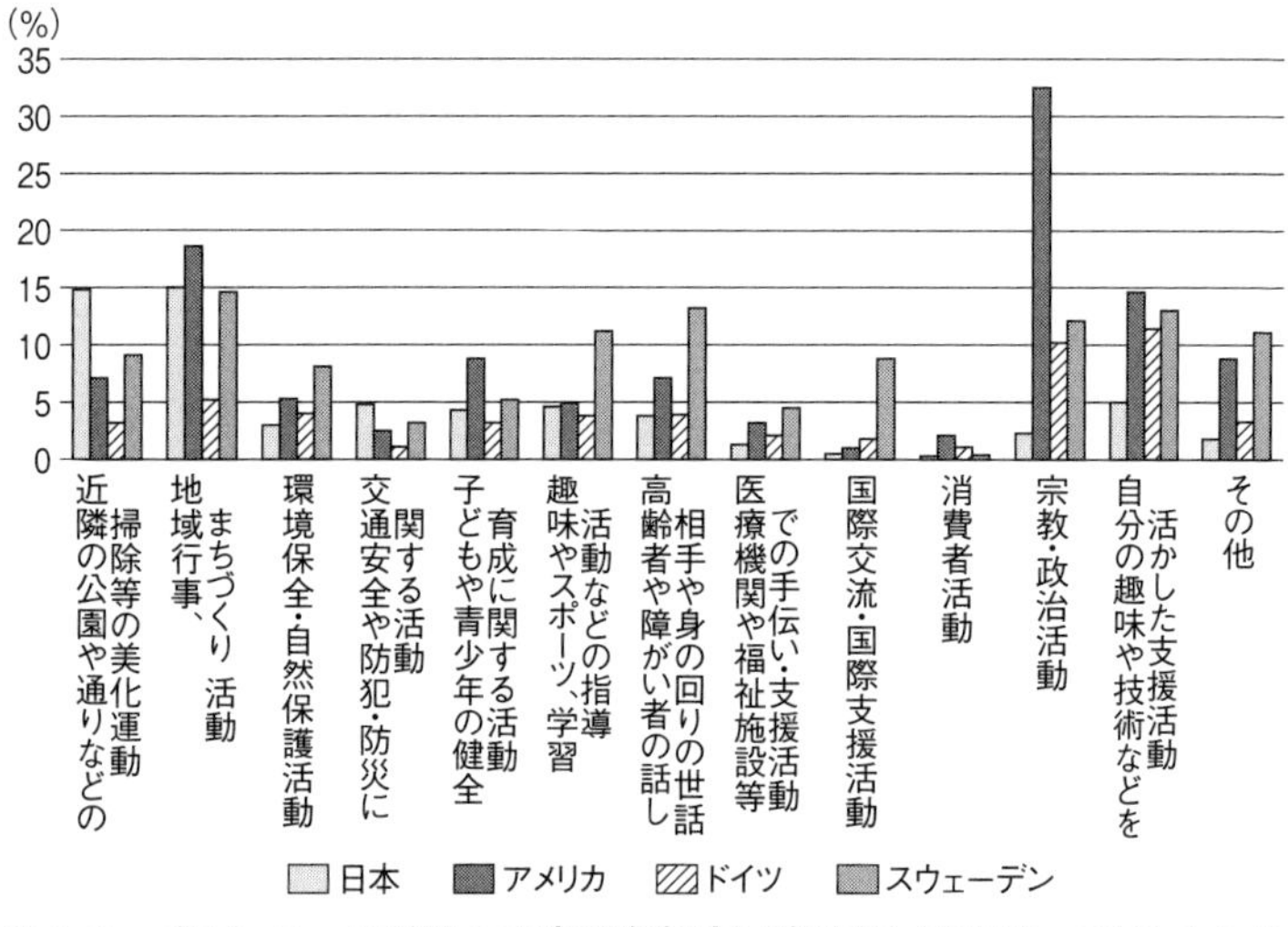

図 2-6　ボランティア活動の内容別参加率国際比較（内閣府，2016b より作成）

者の話し相手や身の回りの世話」という福祉的活動に携わっている人が多い、ドイツでは「宗教・政治活動」、「自分の趣味や技術などを活かした支援活動」が多いという、国ごとの特徴がみられます。

ただし、ボランティア活動に関する調査には難しい点があります。それは人によって、どういう活動をボランティア活動であると認識しているかが異なる可能性があるからです。ボランティア活動を活動の主目的として掲げているグループに参加している場合はわかりやすいのですが、活動の主目的でなく、活動の一部として行っている場合は、ボランティアをしていると思っていないかもしれません。またグループに参加せず、近所付き合いの一環としての公園掃除や、檀家や氏子としての活動、町内会への義務的参加などは、ボランティア活動とは思っていないかもしれません。

たとえば地域におけるボランティア活動の担い手の一つである地縁団体をみてみましょう。平成一九年度国民生活白書（内閣府、二〇〇七）によれば、認可地縁団体[1]に対して対象住民の加入率を尋ねたところ、二〇〇三年調査時点では加入率が九割を超える団体が約三分の二であり、一九七〇年に行われた調査とは調査対象などが異なるので単純には比較できないものの、さほど加入率が下がっていないとしています。この数字を根拠にすれば、地縁活動はあまり衰えていない、といえそうです。しかし、それは実感とは異なるように感じます。そこで、加入率の代わりに参加頻度に注目してみましょう。加入率はあまり変わらないのですが、参加頻度は一九六八年に比べて大幅に下がっています（図2－7）。

自治会費を払っている、つまり会員ではあるけれど会合などにはほとんど参加していない場合に、自分は自治会・町内会に参加している、と答えるかどうかは人によって異なるのです。会費を払っていれ

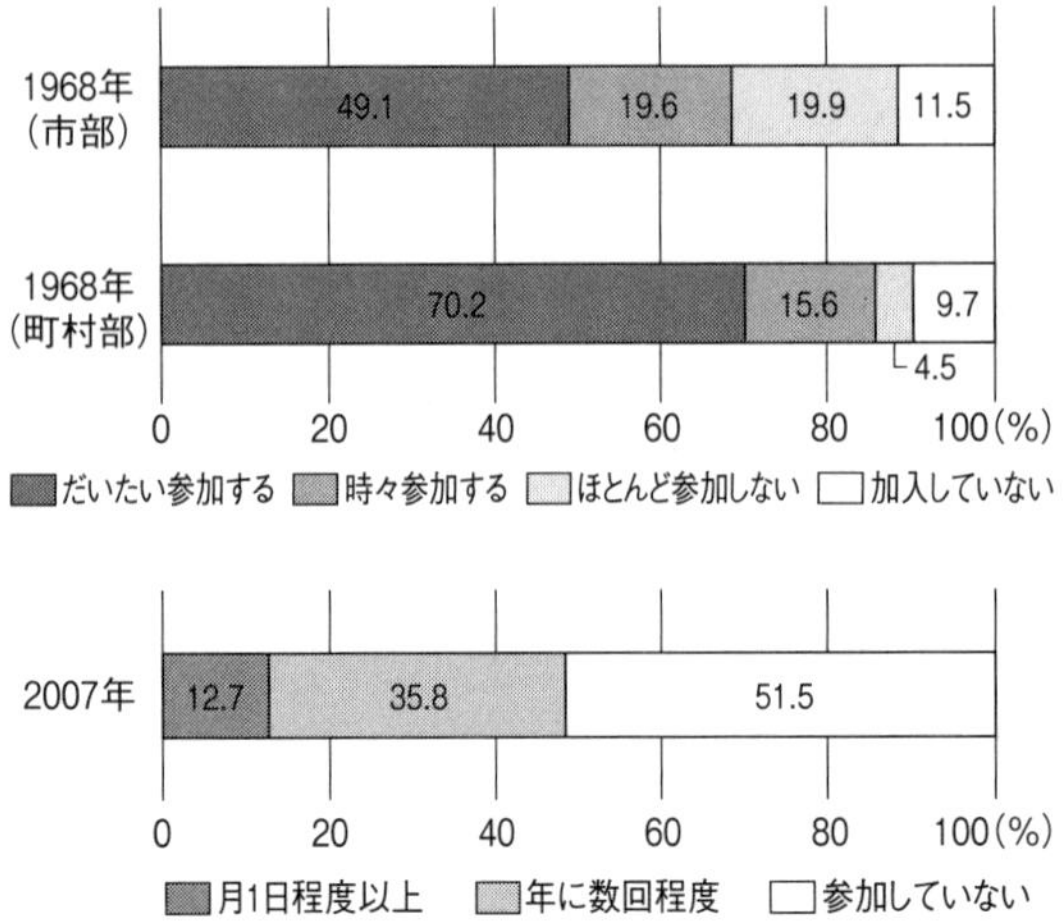

図 2-7　町内会・自治会への参加頻度（内閣府，2007 より作成，調書対象は 20 歳以上）

ば参加している、と答える人と、会費を払っていても、実際の活動をしていなければ不参加、と答える人もいるのです。多くの町内会や自治会費が比較的少額であることもそういう傾向と関連あるのかもしれません。つまり質問文の「参加している」、という言葉を、会費を払っているから参加している、とするのか、会費を払っているだけで実質的に活動していないと解釈して参加していない、と回答するのか、という解釈の違いにより、回答は大きくぶれることが想定されます。

また、調査対象者によっても数字は大きく異なります。何歳以上を対象としているのか、無作為抽出なのか、対象のエリアが大都市なのか、地方都市なのか、町村なのか、また個人に対する調査なのか、ボランティア・グループへ回答を依頼しているのか、などによっても数字は簡単に変動し得るので、ボランティア活動に関する統計数字を見るときにはこのような点に注意を払う必要があります。

生涯学習への参加

最後に生涯学習に対する参加状況についてみておきましょう。生涯学習は社会参加活動の一部として扱われることもありますが、近年生涯学習の注目が高く、社会参加活動と別途扱われることもあります。「学習」ですから、例えば書物で学んだり、ラジオやテレビ視聴により一人で学ぶ場合は、社会参加位相モデル（図1－1）（片桐、二〇一二a）では「フェーズ1」の社会参加活動になります。行政などが実施する高齢者大学や、カルチャースクール、大学の公開講座などに参加している場合は、社会参加位相モデルの「フェーズ2」に該当することになります。またもっぱら何かを学ぶ、という場合もありますが、例えば環境改善のためのグループに参加している場合であれば、河原の清掃をする、というようなボランティア活動の一部として行われている活動をするだけでなく、河川の環境問題について専門家を呼んで勉強会を開くというようなこともあるでしょう。これも生涯学習といえるでしょう。この場合は「フェーズ3」に該当することになります。

図2－8は、生涯学習の実施状況について、六〇歳代と七〇歳以上の年齢群に関して二〇一二年と二〇一五年に生涯学習を行った経験があるかどうかを比較したものです。どちらの年齢群も、二〇一五年の参加割合は二〇一二年より減少しています。二〇一五年では半数以上の人が生涯学習をしたことがない、と答えています。

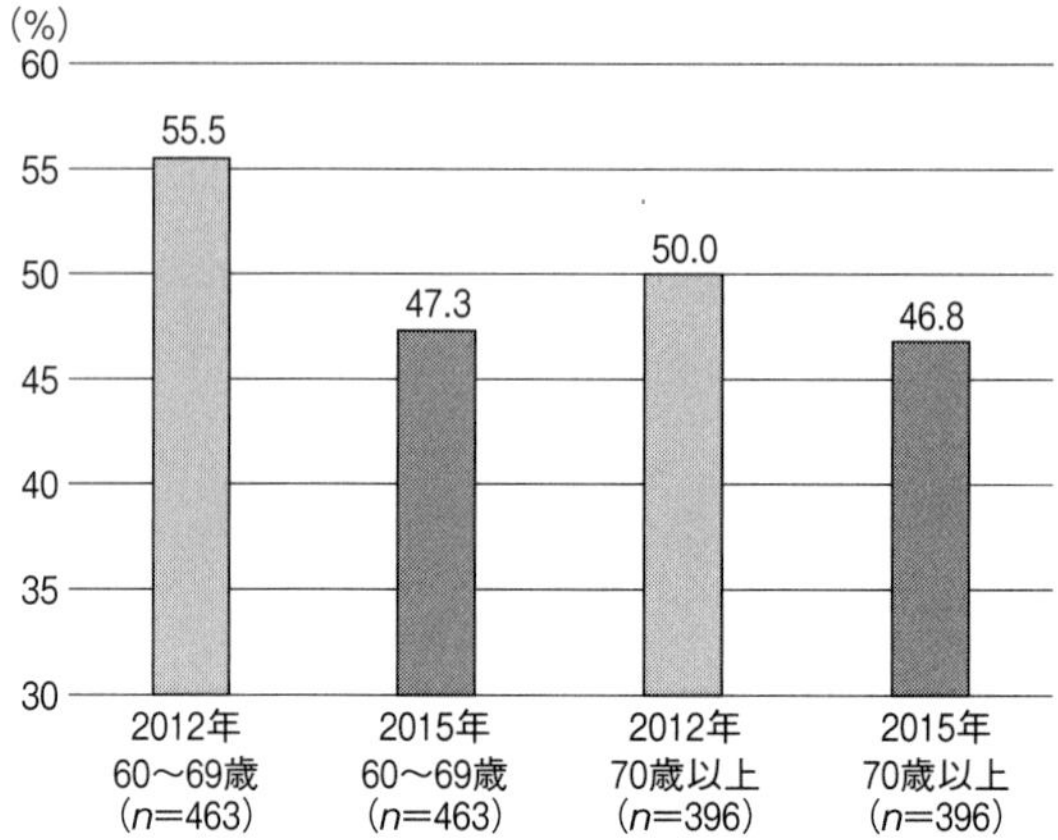

図 2-8　生涯学習の実施状況「生涯学習をしたことがある」（内閣府，2014, 2016a より作成）

図2－9は生涯学習をしたことがある人に対して、どんな内容の学習をしたのかを六〇歳代と七〇歳以上の二つの年齢グループについて三年間での変化を見たものです。どちらの年齢グループも「健康・スポーツ」「趣味的なもの」に参加している人が最も多くなっています。年齢グループでの特徴をみると、六〇歳代グループでは「ボランティア活動のために必要な知識・技能」が一割を超え、七〇歳以上より高くなっており、二〇一二年から二〇一五年の間にわずかながら上昇しています。しかし、それ以外は二〇一二年から二〇一五年に低下傾向となっています。

このような日本の生涯学習が海外と比べてどうなのか知りたいところです。しかし、第3章でもう少し詳しく触れますが、生涯学習の概念は広く、国や調査により何を意味するのかがかなり異なり、国際的に比較できるような共通の指標は現時点では見つかりません。ただ、日本では茶道や書道といったいわゆるお稽古事

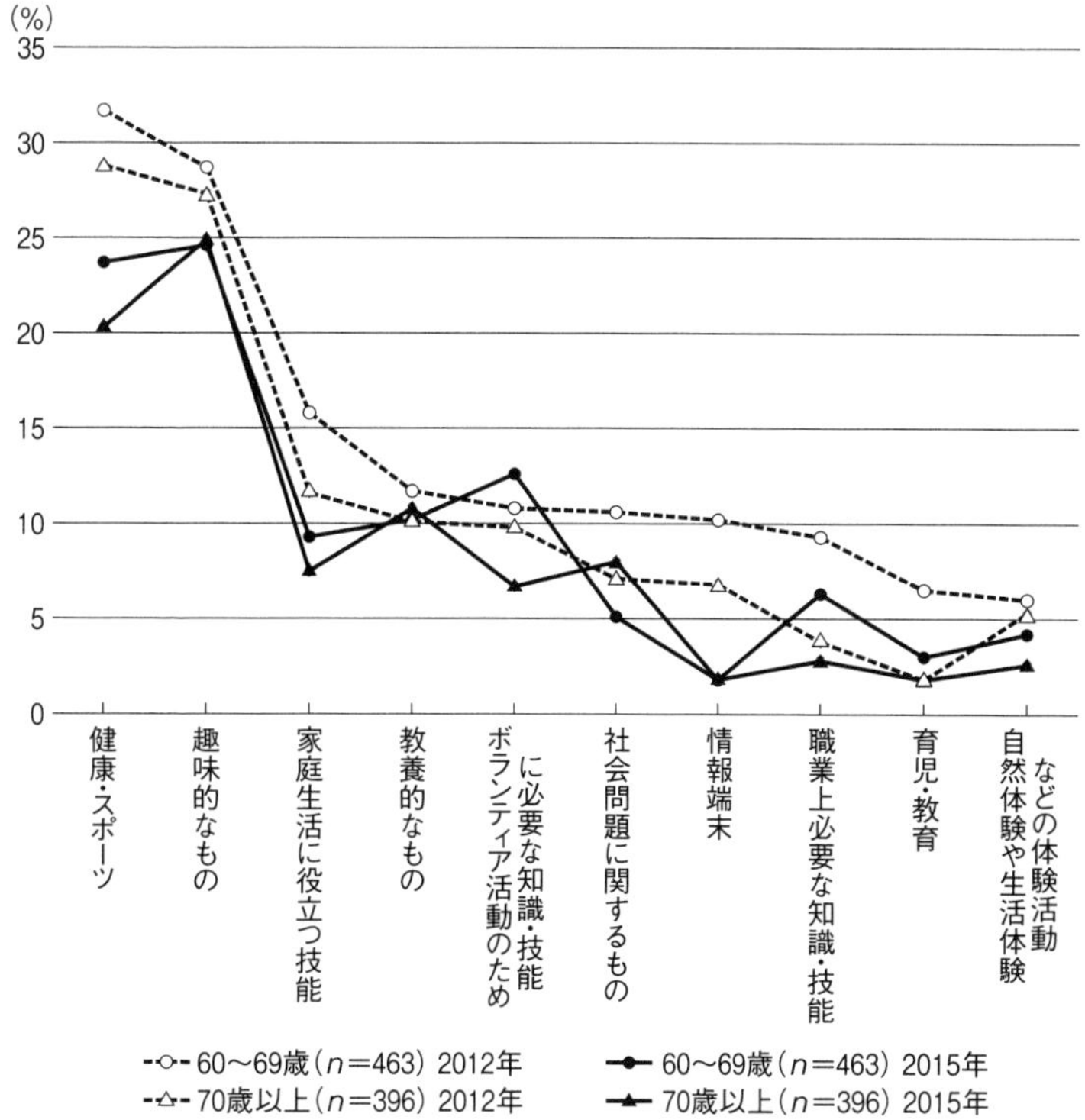

図 2-9　生涯学習の内容　（内閣府，2015 より作成）

の伝統がある点で、生涯学習をこのようなお稽古事も含めた広義として捉えるならば、生涯学習は比較的盛んな社会であるといえそうです。さらに近年の教養文化といった講演に人気がある点、健康・スポーツなどへの高い関心などが日本の生涯学習の特徴といえるでしょう。

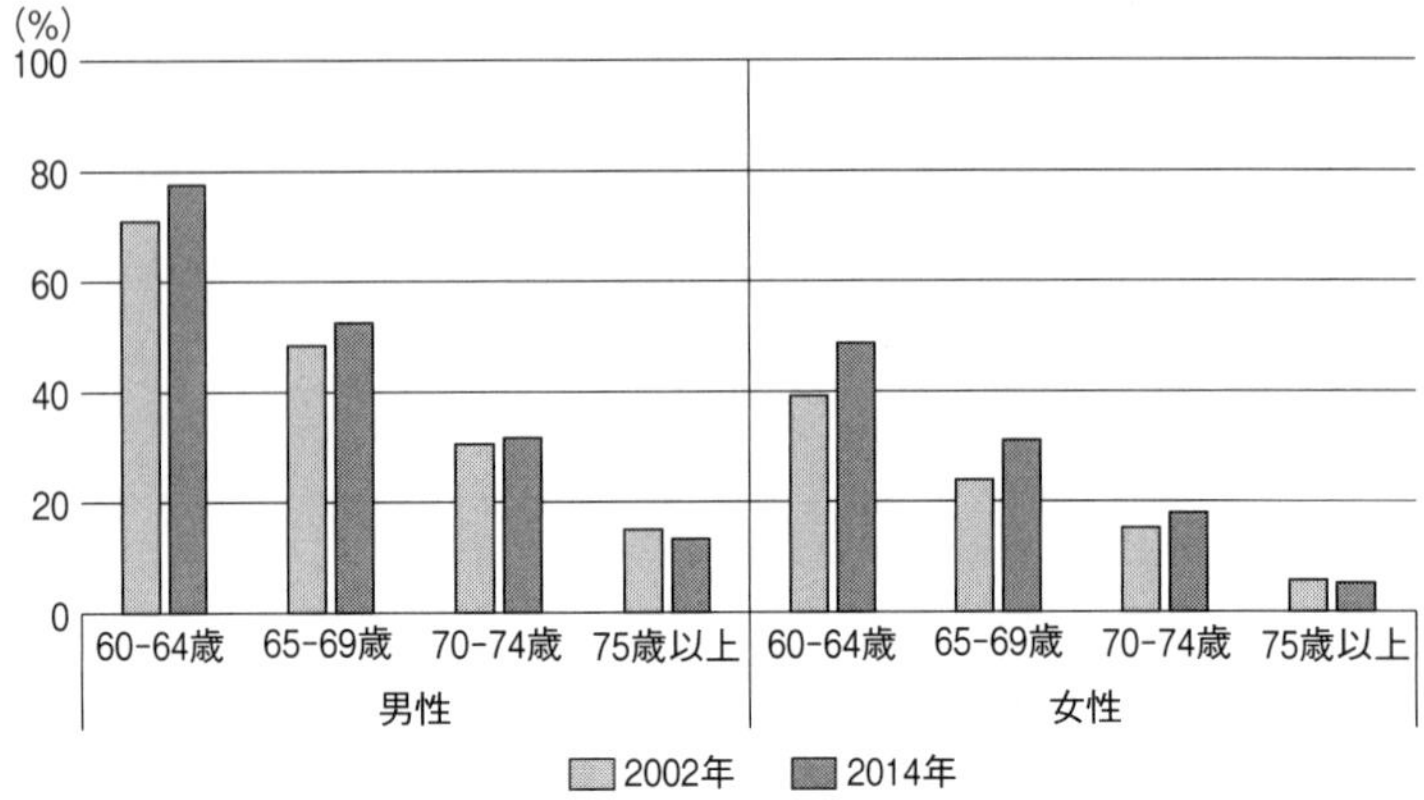

図 2-10　60 歳以上年代別高齢労働者の労働力率の変遷（OECD. stat より作成）

2　高齢者就労の現状

高年齢者雇用安定法の改正により企業において基本的に六五歳までの雇用が確保されるようになりましたが、では、六〇歳以降も働き続ける人はどのくらい増えたのでしょうか。

図2－10は日本の六〇歳以上の五歳きざみの労働力率[2]を二〇〇二年と二〇一四年で比べたものです。まず六〇歳から六四歳の男女に注目しましょう。男性は二〇〇二年の七割から八割弱へ、女性は四割から五割へ上昇し、男女ともに一割程度上昇しています。男女合わせれば三分の二の人が働いていることになります。では六五歳から六九歳はどうでしょうか。一割は増加していませんが、二〇一四年には男性は五割程度、女性は三割程度となり、全体では四割強の人が働いています。七〇歳から七四歳も微増し、全体では四分の一が働いています。七五歳以

上の人は微減しつつも、全体で一割弱の人が働いています。少なくとも前期高齢者のうちは隠居して孫の面倒をみる、という高齢者像からはずいぶんと懸隔した現状となっているのがわかると思います。

このように日本では高齢者の労働力率が徐々に上昇しています。日本の高齢者は労働意欲が高いことがよく指摘されていますが、このようなシニアの就労状況は他の国と比べて盛んなのでしょうか。

図2－11はドイツ、韓国、イギリス、アメリカと日本の五か国において、六〇歳から五歳ごとに男女別に労働力率を比べてみたものです。男性の六〇歳～六四歳の労働力率は日本が最も高くなっていましたが、日本の男性の他の年代と女性の労働力率はすべて二番目に高くなっています。六五歳以上は男女ともに韓国が最も高く、女性の六〇歳～六四歳はアメリカが最も高くなっていました。また各国とも七四歳まではこの間に少しずつ労働力率が上昇している様子が読み取れます。韓国の高い労働力率は年金制度の未成熟と関連しているといわれています。アメリカの場合はそもそも女性の高い就労率の高さが六〇歳代前半まで続いているのではないでしょうか。アメリカでは一九六七年に「雇用における年齢差別禁止法」が制定され、それがカナダやオーストラリアに伝播し、ヨーロッパでも宗教・信条や障害、年齢、性的指向による差別を禁止するよう各加盟国に求める指令が二〇〇〇年に出されています（櫻庭、二〇一四）。先進諸国は年齢差別撤廃の流れに加えて年金支給年齢の上昇傾向にもあり、引退の時期が遅くなっていると考えられます。かつてヨーロッパでは引退後の生活を楽しみたいという人々が多く、早期退職が奨励された時期もありましたが、現在の高齢者では早く引退して引退後の生活を楽しむ、という贅沢は許されない時代になったのかもしれません。

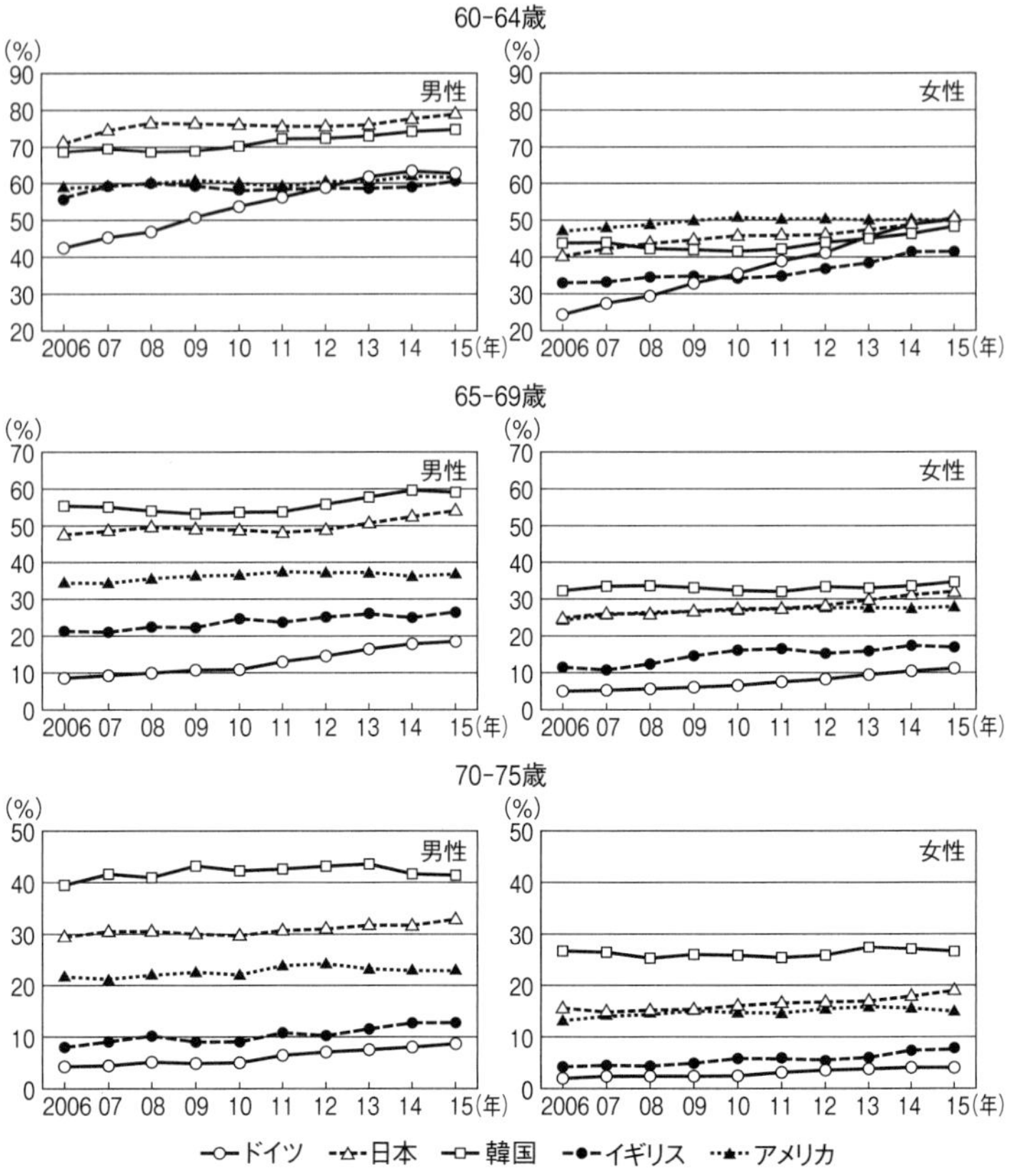

図 2-11　国別高齢労働者の労働力率の変遷　(OECD. stat より作成)

不安定なエイジング

二〇世紀の終わりごろからサクセスフル・エイジング(3)（Rowe & Kahn, 1997; 1998）やアクティブ・エイジング(4)（WHO, 2002）など、健康で充実した高齢期を意味する概念が老年学の分野では盛んに提唱されています。これらは、それまでの病気や障がいの多い高齢期、生産人口に支えられる高齢者、といったエイジズム（年齢差別）といえるようなネガティブな高齢者イメージに対して、高齢者はもっと健康でアクティブに生きている現状が特に二一世紀になって注目されるようになったという実態を反映しています。いかにして高齢者の健康寿命を延長させるか、という各国の重要政策とも密接にかかわっています。いまや先進諸国のみならず新興工業経済地域である中国やタイなどでも高齢化は重要な社会問題と認識されていますから、高齢社会に対するポジティブなイメージや方針は、成長の持続を目指したい国々にとっては必要とされる提案でもありました。

しかし、これらのいささか楽観的ともいえる諸概念は、それに対しての疑問を呈する批判的老年学《クリティカル・ジェロントロジー》といわれる一派を出現させました。データを見れば後期高齢者といわれる七五歳以降は、病気を持つ人の割合や障がいを持つ人の割合が増えるのが現実であり、そのような後期高齢者の人口が増加している現在、これらのポジティブな概念が示すような状態を、努力しても満たすことができない人たちが増加していくことを意味します。サクセスフル・エイジングなどの概念には本人が努力をすれば健康で長生きできるという暗黙の主張が根幹にあり、それは由々しい問題であると批判する研究者たちが出てきました。極論をいえば、健康でいられないのは本人の努力が足りないせいだと非難されかねないという危惧すらある、という批判です。

批判的老年学派の研究者たちはアクティブ・エイジングに対抗して、「不安定な《プレカリアス》エイジング」という概念を提案しています（Portacolone, 2013）。これは引退後の社会保障の欠如と低収入が組み合わさった状態を意味します。先ほどもふれたように、かつては早く仕事を辞めて引退後の人生を楽しむということがヨーロッパの人たちの傾向でしたが、現在の高齢者就労の実態を見るともはやそうではない。低賃金であり、引退後に暮らせるだけの十分な年金もないため、引退するわけにはいかず労働条件が悪くても働かざるを得ない高齢者が増えているという厳しい現状となっています。

第1章で日本の団塊世代が実はリスクの高い状況になっている様子を説明しましたが、この現象も「不安定なエイジング」の概念が日本でも符合する状況になりつつあると理解できます。日本だけでなく、先進諸国で不安定な高齢期を過ごさざるを得ない状況の人が増えてきているのが現状なのです。年金やそれまでのストックで引退後の生活を送る、ということは、今の先進国における高齢化の進行や経済状況では難しいことになりつつあるのかもしれません。

3　市民参加とは何か

前章で「市民参加」が決まった定義がないバズワードとして使われているといいましたが、ここでは社会老年学と政治学の立場からの定義を紹介し、そこに共通してみられる意味について考えたいと思います。

社会老年学における市民参加

第1章で簡単に触れた社会老年学の分野におけるマルティンソンとミンクラー（Martinson & Minkler, 2006）は、市民参加という言葉は、投票行動、政治キャンペーンへの参加、有償あるいは無償でのコミュニティ活動への参加、ニュースや公共のことがらへの関心を持ち続けることや隣人を助けることに関連して広く使われていると指摘しています。ハーバード大学公衆衛生大学院とメットライフ財団が出した『加齢の再構築――ベビーブーマーと市民参加』（Gerteis et al., 2004）というタイトルの、引退と市民参加に関するレポートでは、市民参加を、個人が「投票やコミュニティ・グループへの参加やボランティアを通じて、コミュニティの生活に活発に参加するプロセスである」と定義しています。

しかし、このような定義にもかかわらず社会老年学における多くの調査や研究では、市民参加をボランティア活動とほとんど同義に扱っており、政治活動のような他の活動については無視されていることがほとんどです。それはボランティア活動が、ハヴィガーストらの活動理論から、サクセスフル・エイジング理論に至るまで、重要なトピックの一つであったためかもしれません。また、アメリカにおいては、高齢者の政治参加はかなり活発であるため、特に検討する必要がなかったせいかもしれません。いずれにせよ社会老年学の分野では、高齢者の政治参加にはあまり関心が払われてきませんでした。日本においてはさらにその傾向が強くなっています。

政治学における市民参加

では、社会老年学であまり取り扱われない政治学の分野に目を向けてみましょう。政治学の分野においても社会老年学と同様ラマクリシュナンとバルダッサーレ（Ramakrishnan & Baldassare, 2004）は市民参加を「政治参加と市民のボランティアリズムの両方」であると定義しています。しかし、エックマンとアンマ（Ekman & Amnå, 2012）は、政治参加と市民参加に関する文献のレビューにより、これらの二つの概念の違いについて論じています。

第1章でもふれた『孤独なボウリング——米国コミュニティの崩壊と再生』（Putnam, 2001）においてはアメリカの市民参加の低下が指摘されています。「孤独なボウリング」という意味は日本人には諒解しにくいのですが、アメリカでは、ボウリングは地域のリーグに入って人々と一緒に行うことが普通だったのに一人でボウリングをする人が増えた、という現象が、コミュニティの崩壊になぞらえて表現されています。しかし、そもそも市民参加が本当に低下したのか、低下したとすれば無関心層が増えたということなのか、それとも政府に対して批判的な市民が増えたということなのか、などまだ議論の結論はでていません。さらに、市民参加自体が低下したのかという議論だけでなく、政治や社会への参加や関与という研究者たちが用いる概念自体にも混乱があることも大きな問題です。

パットナムはソーシャル・キャピタルの民主主義における重要性を強調することに関心があり、「市民参加」と「政治参加」の「市民」や「政治」という部分の、「どういう対象に対してなのか」、ということより「参加《エンゲイジメント》」という部分に着目しているようです。つまり、「何に対して」というより、「参加する」、という行為自体を重要と考えているということです。その参加のレベルの測定をする際、新聞を読む、投票行動などの政治参加、人々の他者とのつながりを示す社会的ネットワーク、対人間の信頼から組織参加まですべてのことを「参加」に含め、これらの事象を市民参加と呼び、その市民参加が民主主義と市場経済の機能と関連しているという単純化した議論をしています。しかし民主主義にとって市民参加の低下が由々しい問題だというのなら、実際に市民参加が何を意味するのかについてもっと明確な議論が必要です。

　多くの研究者が市民参加の定義についての同意ができていないことの問題点を指摘しており、アドラーとゴッディン（Adler & Goggin, 2005）はそれまでの定義をレビューした結果、一つも決定的な定義がなかったこと、そして広義から狭義まで存在していたことを報告しています。

　市民参加を限定的に捉える場合は、次の三つのパターンがあります。一つ目としてコミュニティ・サービスに限定して捉える場合は、すべての市民への義務に近い意味での地域社会でのボランティア・ワークを意味します。二つ目として市民参加を集合的行動[5]と捉える場合は、市民生活の領域における状況の改善のための協力や協同行動となります。三つ目としては「市民の《シビック》」という言葉の中の政治的な面を強調し、単なる協同というだけでなく、特に政治的な活動に限定して想定する、というものです。

　これとは逆に市民参加を広義に捉える主義の研究者はパットナムのようにかなり広範な活動を包含さ

せています。パットナム自身も市民参加を明確に定義していません。アメリカ心理学会の定義[6]においてもボランティア・ワーク、組織参加から選挙への参加まで含んだ活動を市民参加としています。

アドラーとゴッディン（Adler & Goggin, 2005）はこのように議論を整理したうえで、この広義と狭義の二つの立場が連続体であるという捉え方を提案しています。つまりプライベートな領域からフォーマル、ないしは公的な領域に広がっているということです。前者は個人的な行動、つまり隣人を助けるか友人と政治について話すことなどを意味します。後者は集合的行動、政党や組織、利益集団での活動などのことです。そのうえで、彼らは市民参加を「他者のために状況の改善やコミュニティの未来を形作ることに利するためにコミュニティの生活に市民を活発にかかわらせる」ことに関連することであるという包括的な定義をしています。

市民の政治参加の研究において一つの大きなトピックは投票参加です。長期間にわたり、投票による市民行動が政治システムに声を上げる主要なやり方であると考えられてきており、アメリカでは投票数が市民参加を測る指標として主に用いられてきました。

最も一般的な政治参加の形態は投票参加ですが、それ以外にも政治集会やデモへの参加、陳情など、金銭的・時間的コストがかかる政治参加の形態があり、投票外参加として区別されています（山田真裕、二〇〇四）。

戦後アメリカの政治学者は政治参加を政府の決定に影響を与えることを意図して行う行動であると考えました（Verba & Nie 1972; Easton, 1953）。ヴァーバらのよく引かれる有名な定義は「政治参加という言葉により、我々はプライベートな市民による正当な行動のことを意味し、それは政府の人事やその行動の選択に対して多かれ少なかれ影響を与えることを意図しているものである」というものです（Verba, Nie & Kim, 1978)。

ここで、本書の目的であるサードエイジの選択肢、という視点に立ち戻ると、広義の定義を採択することが目的に適うでしょう。サードエイジにとっては、現役時代のビジネスという企業の利益を最優先にする価値観から、自分や他者が住む社会に広くかかわる、という価値観の転換が最も重要なのです。

では、実際のシニアの政治参加の現状を次に見てみましょう。

4　政治参加の現状

第1章で触れたAARPという団体は三八〇〇万人もの会員を有する非営利の巨大な組織です。五〇歳以上なら誰でも加入できます。会員数の巨大さという規模の経済を活かして、保険料の割引やメンバーの健康保険に関するサービスや社会保障、仕事のあっせんなど様々なエリアで会員のメリットになるような活動を行っています。そのロビー活動も有名で、高齢者に有利な法律の成立などに努力しています。そのために会員に対してどの議員が高齢者に有利な考えを持っているかなどの情報を提供し、会員はその議員を支持したり投票することで、高齢者に有利な政策の実現を図っています。

では、日本ではどうでしょうか。あいにくそのような高齢者を束ねた大きな団体は見当たりません。

ですが日本の高齢者の投票率の高さはしばしば指摘されていることです（小林、二〇一五ほか）。政治参加の投票参加という点では今の高齢者層は他の世代に比べて活発であるといえそうです。

日本において特に高齢者の投票行動について取り上げた研究は少ないですが、政治老年学を提唱する神江伸介は、政治集会への参加に男女差がみられ、男性は七五歳になるまで出席率が上昇し続けるのに対し、女性は六五歳くらいにピークに達した後は下降し続けること、中高年における社会参加と政治参加とボランティア行動の関連がみられること、二〇世紀の高齢者と二一世紀の高齢者では投票行動に違いがあり、八〇歳以降の高齢者の投票率が上昇して、前期高齢者のような活発な投票行動を示していることなど、興味深い現象をいくつか指摘しています（神江・堤、二〇〇六）。平均寿命や健康寿命の延伸により同じ年齢でも高齢者が若返って、それに伴い投票行動も中年期の行動パターンを示すようになっているというのは面白い仮説です。しかし神江の研究は調査エリアが香川県の町に限られており、どの程度一般化できる現象なのかは今後の検討が必要でしょう。

全国を対象として衆議院議員総選挙の年代別投票率の推移を表した図2-12を見る限り、選挙ごとの投票率の変動が激しく、そのような傾向を読み取ることは難しいようです。ただ、一貫して六〇歳代の投票率が最も高くなっています。

しかし、政治参加は投票行動だけではありません。投票行動以外の政治活動、たとえば政治集会への参加や、デモへの参加などへの参加度合はどうなっているでしょう。平野浩（二〇一二）は「政治や選挙に関係した会合・集会に出席」「役所・官僚・政治家との接触」「選挙運動の手伝い」「地元の有力者

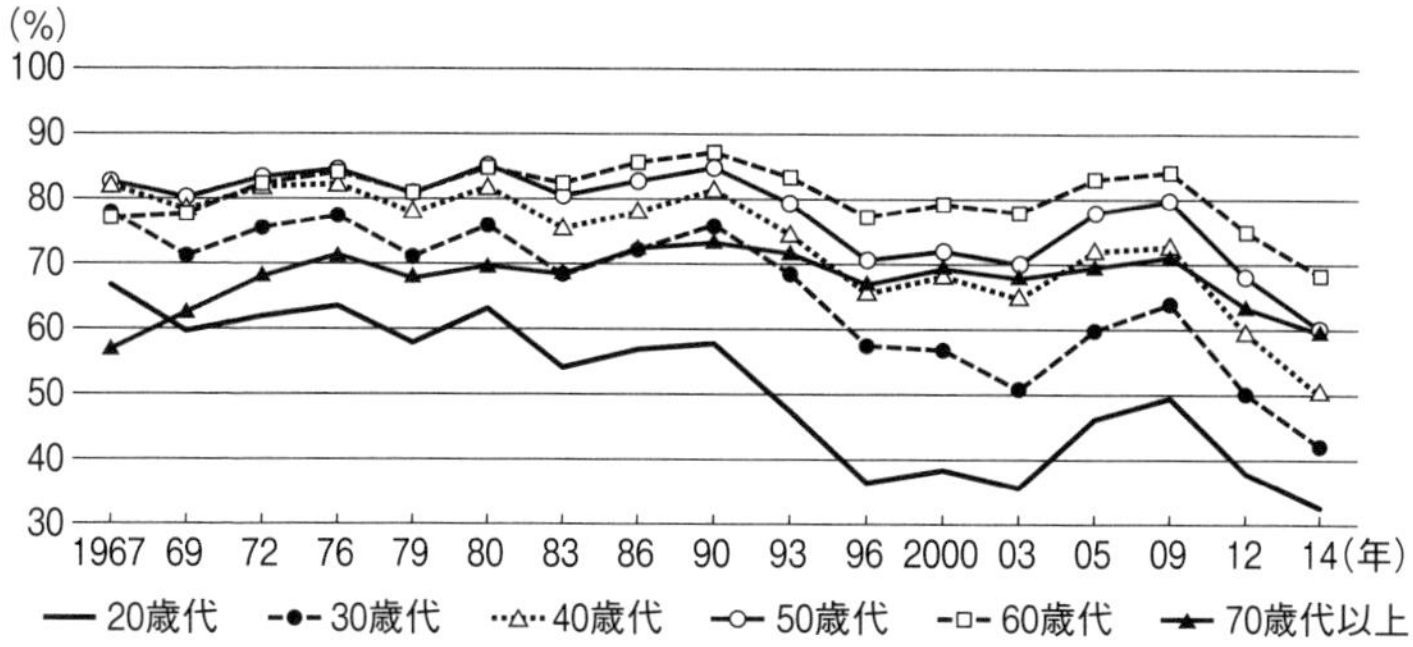

図 2-12　衆議院議員総選挙年代別投票率の推移（総務省ウェブサイトより）

との接触」「市民運動・住民運動」「デモ」の六種類の活動の参加率について、一九七六年から二〇〇七年までの推移を年代別に検討しています。これらの中で「政治や選挙に関係した会合・集会に出席」した率が、五〇歳代で四割弱を占めていた一九八三年が最も参加率が高く、「デモ」は一九七三年に四〇歳代が一割程度であったものの二〇〇七年には一パーセントにまで低下しているなど、すべての活動への参加は徐々に減っています。平野はこれらの参加傾向について、ライフステージの影響がみられることを指摘しています。すなわち二〇歳代から三〇歳代において参加度が相対的に低く、四〇歳代から六〇歳代に参加度が高まり七〇歳代に入るとまた参加度が低下するというものです。また戦後の一〇年間に生まれた世代が他の世代よりも市民運動や住民運動にコミットしてきたという世代の特徴も指摘しています。伊藤理史（二〇一六）はNHK「日本人の意識」調査の一九七三年から二〇〇八年のデータを用いて、団塊世代以前とそれ以降の世代の投票外参加が低いこと、五五年体制期(7)（一九九三年以後の調査）では一貫して投票外参加率が減少しているという分析結果を報告しています。しかし、全体として投票行動に比べて日本人の他の政治活動はあまり盛んではなく、しかも低落傾向にあるということはシニアにおいても同様なようです。

シティズンシップの現状

このような政治的な活動に関連するシティズンシップという概念があります。シティズンシップは「市民権」「市民性」と訳されることが多いのですが、現代的なシティズンシップの概念を確立したとされているマーシャル（Marshall & Bottomore, 1992）によると、シティズンシップは「市民的権利」「政治的権利」「社会的権利」の三つの要素によって構成されているといいます。「市民的権利」は私的所有権や契約に関する権利で、「政治的権利」は選挙権や被選挙権などの政治に参加する権利、そして「社会的権利」は教育や社会的サービスなどを受ける権利です。そしてそれらの権利は、納税などの義務を果たして得られるものであるとしています。

小林利行（二〇〇五）は二〇〇四年のＩＳＳＰ（International Social Survey Program 国際社会調査プログラム）のシティズンシップに関する調査のデータを用いた分析の結果、日本人のシティズンシップに対する態度について、受動的であり、関与が低いことがその特徴であるとしています。実際の社会的・政治的行動を行っている人は少ないものの、市民であるために重要なこととして挙げられている七つの項目（表２－１）の中で、これまでに市民参加として取り上げたものに関連が強い「選挙に投票に行く」「政治の行動に目を光らせる」「社会・政治的団体で活動」を含めて、六〇歳以上の人は、若い

表 2-1 「市民であるために重要なこと」男女年層別 （小林，2005）

（%）	全体	男性（626 人）	女性（717 人）	16–39 歳（437 人）	40–59 歳（476 人）	60 歳以上（430 人）
脱税しない	80	79	82	<u>72</u>	**83**	**86**
法律・規則を守る	79	78	80	<u>67</u>	**82**	**87**
選挙に投票に行く	64	65	63	<u>47</u>	62	**83**
政治の行動に目を光らせる	55	**59**	<u>52</u>	<u>47</u>	58	**61**
政治的，道徳的，環境保護的理由で商品選択	22	22	23	<u>18</u>	21	**28**
社会・政治的団体で活動	13	14	12	<u>11</u>	<u>9</u>	**20**
必要であれば軍事的な任務につく	11	**15**	<u>6</u>	<u>7</u>	11	**14**

注）太字は全体と比べて有意に高く，下線は有意に低いことを示す
（2004 年の ISSP 調査より）

人より明らかに重要だと答えた人の割合が高く、シニア層においては、行動には表れないものの、市民参加に全く無関心というわけではない、とはいえそうです。

小林利行（二〇一五）はさらに一〇年後のISSPの市民意識に関する調査のデータを用いて、一〇年間の変化を検討しています。

良き市民として重要だと考えることについて、「法律や規則を必ず守ること」「政府の行動に目を光らせること」の二つについて、年代別に一〇年間の変化を見ると、六〇歳代、七〇歳以上に関してはあまり変化が見られませんが、「法律や規則を必ず守ること」については全年代について上昇し八割以上に達し、年代間の差が減少しています。「政府の行動に目を光らせること」

については、全年代で二〇一四年の方が減少し、五割程度になっています。

また、社会的、政治的行動として「デモに参加」「政治集会に参加」「請願書に署名」「社会、政治的活動のための寄付や募金活動」「政治家や公務員に意見表明」「マスコミに意見表明」の六つの活動について「今後も参加するつもりはない」と答えている人が二〇〇四年と比べると二〇一四年では増加しており、消極性が増しています。「請願書に署名」するつもりがない人が二割程度と最も低く、「社会、政治的活動のための寄付や募金活動」「政治家や公務員に意見表明」「政治集会に参加」「マスコミに意見表明」と続き、「デモに参加」するつもりがない人が八割と最も多くなっています。年代別でみると、七〇歳以上の人たちの中で消極性が若干増しているようです。良き市民であることに関して意識が低下しているわけではないですが、実際の行動にはかなり及び腰になってきているといえましょう。

5　市民参加と公共性

市民参加をボランティア活動、市民運動、政治参加と捉えた場合、その三種類に共通するのは公共性です。公共性とは何か、という定義については、またいろいろな議論がありますが、例えば齋藤純一(二〇〇〇、vii－ix)は公共性を三つの下位概念に分類しています。
①国家に関係する公的《オフィシャル》なものという意味。国家や地方自治体が法や政策などに基づいて行う活動を指します。

②特定の誰かにではなく、すべての人々に関係する共通《コモン》のものという意味。共通の利益・財産、共通に妥当すべき規範、共通の関心ごとなどを指します。

③誰に対しても開かれて《オープン》いるという意味。誰もがアクセスすることを拒まれない空間や情報を指します。

本書で論じてきた市民参加は主として②の分野にかかわるものになります。人は私的な分野と公的な分野と同時にかかわり得るものです。また、時期により私的な分野か公的な分野のどちらかにもっぱらかかわるということも考えられます。

では、会社員と公務員の例を考えてみましょう。

学校を卒業して定年まで働く現役時代は、会社にいる時間、企業の目的追求に従事します。私的企業の営利を実現すべく一日の大半を過ごすわけです。同時に自分自身の昇進や昇給をめざしもします。公務員では、仕事は公的分野ですが、昇進や昇給をめざす、という意味では会社員と同じと考えることができます。自営業の人も同様です。大都会では往復で二時間以上にわたる通勤時間中も、仕事の段どりなどを考えていたりすることも多いのではないでしょうか。企業の利益や、第一義には組織の目的の実現をもっぱらに考えるという意味では、公的ではなく、私的な分野に携わることになります。家に帰れば今度は個人的な私的な空間です。自分や家族のために、という私利が優先されることになるでしょう。公的分野の一つである地域活動に携わる時間は普通は短く、二〇歳代から定年に至る間はこう考えると日常的に公共性とかかわる機会はなかなか持てないのではないでしょうか。

ただし子どもがいる人たちにとっては、公的な分野としてPTA活動とのかかわりがあります。社会教育が盛んだった昭和五〇年代頃までは、PTAの会合で社会教育に関連する講演などが行われることも多く、そこでの学びを契機に市民活動などを始める女性たちも多かったと聞きます。しかし昭和の終わり頃から生涯教育という言葉が使われることも多くなり、実施される内容や目的も徐々に変容し、そういうルートが減少しました。

さらに女性の就業率は徐々に上がっており、仕事と家事と子育てに追われる多くの女性は、営利目的の仕事と家族というプライベート空間で一日のほとんどを過ごすことになり、これもまた公共性という概念と接する機会や時間は少なくなりました。

二〇歳以上になれば（二〇一六年からは一八歳以上）投票行動という公的な活動にかかわることになります。しかし、近年の投票率の低下傾向や、先に見たようにそれ以外の政治行動を見れば、積極的に公共にかかわるという意識からの投票というよりは、義務感による消極的な投票がかなり多いのではないかとも思われます。

もちろん、身近な人に何かしら問題があったり、騒音や公害など自分が住む地域に問題が生じたときなど、自分一人では解決できない問題に直面したときは、社会・制度的解決に向けて積極的にかかわるというケースはいつでも存在します。しかし、一般的には現在の日本人の成人期に日常的に公共性にかかわるような機会を見いだすことはあまり多くないといえましょう。

このような現役時代を過ごしていれば、定年後に時間に余裕ができて何かをやろうと思ったときに、いろいろ考えてもこれまで接することのなかった考え、つまり公共のために何かをしようという考えが頭に浮かぶ確率は高くない、あまり期待できないということになります。認知科学的にいえば、そのような概念の連合ネットワークが脳内に発達していないため、そもそも思いつきにくいということになります。つまり現在の日本人にとっては、就労という自らの収入を得、私的企業の利益を実現する、という私的な行為が、実は経済を通じて社会に貢献する行為、社会という非私的な領域ともかかわる数少ない回路であり、それ以外の公的な分野にかかわる機会がほとんどない、という皮肉な状況になると考えられます。

6　シニアの市民参加の意義

シニア就労の現実

高年齢者雇用安定法の改正により、以前より少なくとも六五歳までは仕事を確保しやすい状況になりました。つまり、六五歳までは生産的活動である仕事をできるということになります。しかし、サードエイジは、ただ同じ仕事を続けるだけということではなく、仕事の傍ら社会参加や市民参加にも関心を持ったほうがいいと思います。

それはなぜか。理由は三つあります。一つにはまだまだ法律が変わったから仕方なく雇用している企業が多いと思われるからです。つまり、シニアにとって働き甲斐のある仕事や待遇の創出を真剣に考え

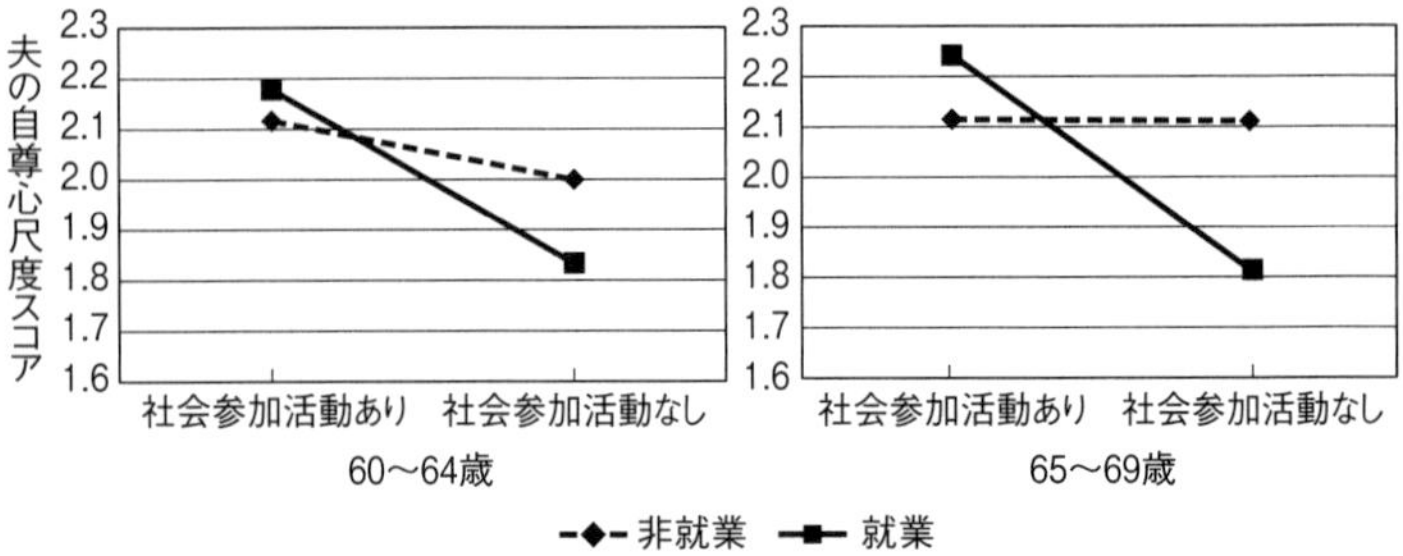

図 2-13　男性の就業と社会参加の交互作用—自尊心を従属変数とした分析（片桐，2012a）

ている企業が現時点では多くないのが現状でしょう。もちろんこの状況はさらなる高齢化の進展と少子化による労働力の不足が実感されるようになれば変わっていくとは思いますが、企業がどれだけ本気でシニア労働者を活用しようとしているか、といえば現時点ではまだまだ疑問です。

それは例えば六〇歳代の男性において、就労と社会参加の組み合わせを比べた研究からこの世代の就労の実態が垣間見えます（片桐・菅原、二〇〇七）。

図2－13は、自分にいい点がある、少なくとも他人と同じくらいには価値のある人間だと思う、といったローゼンバーグの自尊心尺度（Rosenberg, 1965）により測定した既婚男性の自尊心の高低を、就労の有無と社会参加の有無の組み合わせにより比較したものです。実線が就労している男性の自尊心を表しています。六〇歳代前半でも後半でも就労している男性は同時に社会参加活動も行っている人が、就労のみで社会参加をしていない人より自尊心スコアが高くなっているのです。これは、六〇歳代の男性にとってもはや仕事に生きがいを見出すことは難しく、その源泉を社会参加から得ている様

子を示唆しています。

六〇歳代の仕事は、平日九時から五時というフルタイム就労であっても、残業時間が減るなど六〇歳前の現役の時よりは時間に余裕のある働き方になっていることが通常でしょう。この結果から読み取れることは、その余裕を少し社会参加や市民参加に振り向ける、そして仕事に代わる生きがいをみつけるのがいいということになります。

第二の理由は、六五歳になったときのソフトランディングのためです。六五歳になると企業に対する高齢労働者雇用の法律の縛りはなくなるので、六五歳以上になって仕事を続けること、新たに別な仕事に就くことは容易ではないでしょう。そうすると以前六〇歳で定年退職した時と同じ、就労から引退へ、という急激な変化を経験することになります。現役から一気に引退するよりは気持ちの切り替えはしやすいかもしれません。しかし、やはり大きな変化であることは間違いありません。ゼロか一かという変化よりは、変化を和らげ、継続性を別の場面で保つという意味でも、社会参加や市民参加を仕事から引退する前に行っていたほうがいいということになります。

コーナ（Corna, 2016）はアメリカ人のパネルデータ(8)を使って、五二歳から六九歳までの就労状況と健康との関連を男女別に検討しています。仕事の状況をフルタイム就労、パートタイム就労と引退のカテゴリーに分け、引退に伴う健康状態の変化を調べたところ、男性の場合は六〇歳半ばにフルタイム就労からパートタイム就労に就労形態が変わった群が最も健康状態がよかったのに対し、女性では五二歳から六九歳まで継続してパートタイム就労をしていた人たちの健康状態が最もよく、その期間まったく働いていなかった女性の健康状態が最も悪かったと報告しています。社会的属性や健康状態などは統制しての結果です。アメリカ人の場合は、男性は六〇歳代の間ずっとフルタイムで就労しているのは健康に良くない、女性の場合は専業主婦でいるよりパートタイム就労をしていた方がいいということになります。

仕事の持つ意味や仕事の内容も違う国の結果ですので、同じように日本人に適用するわけにはいきませんが、「六〇歳代にフルタイムの就労のみ」というのは健康に良くなく、仕事以外の活動に従事した方がいいということの傍証になるかもしれません。

第三の理由は、社会が求めているということに尽きます。シニアの方とお話ししているとボランティアや行政の手伝いをすることについて、安く使える労働力だとしか思われていない、と不満を訴える方が少なくありません。そういう側面があるのは確かです。費用が高くて企業には頼めない仕事をNPO法人などに依頼することでコストダウンしている現状はあると思います。一方でそういう方策をとらないと今の地方行政の財政が成り立たないことも現実です。

地方自治体の仕事は公益のために資することですから、NPOや社会的企業が社会のための仕事にかかわるということは、公益を目的とする組織が地方自治体の仕事を担うということになります。つまり活動目的に齟齬が生じにくいと期待されます。ですから、利益追求をもっぱらとする企業が地方自治体の仕事にかかわるのとは別な意味があるということも認識する必要があるでしょう。ボランティアや地域社会に積極的に関与することでよりよい社会をつくることに貢献する、というのは、私的利益ではない、公的利益を生み出すことに携わるということに他なりません。

仕事と公共性

シニアに至るまで生きてきたということは、それなりに社会の恩恵を受けてきたということです。その恩恵を次世代につなぐ、次の世代のために少しでもいい社会をつくる、というのはシニアにとって大きなやりがいになる、重要な役割です。成熟しスキルを身につけた大人が、なかなか将来に希望を持てない若者のためにできることをする、ということは賃金とは別次元の報酬があると考えられないでしょうか。報酬の多寡は確かにその仕事の評価の基本的な基準です。しかしシニアになれば、それ以外の評価の基準があってもいいのではないでしょうか。そういう見方をすることができれば、同じことをするのでも大いなる生きがいとなり得るでしょう。そもそも地域社会にかかわることは利他的な動機ばかりではありません。自分が生きている身近なコミュニティがよりよいものになることは、そこで生きる自分にとっても住みやすい地域を実現することにもなるのですから。よほどの人徳者でない限り、利他的動機だけでは続きません。自分の益になることが（たまたま）ほかの人の益にもなる、という発想の転換が必要です。

さらに、このように社会に積極的にかかわり続けるということはシニア自身にも自信を与えると考えられます。稲増一憲（二〇一六）は世界価値観調査[9]のデータを使って、高齢者に対するイメージを年代ごとに比較しています。高齢者のイメージについて年代による大きな差は観察されていませんが、世代ごとの「お年寄りは社会のお荷物である」という質問に対する賛否の結果では、他の世代より七〇歳以上の人が「強く賛成」という回答をした割合が高くなっています。今の社会で自分が生きる意味に自信を持てない様子がうかがわれます。就労やボランティアなど生産的活動への従事、地域社会での活動などに積極的にかかわっていれば、もっと社会の中で自分たちが必要な存在だと自信を持つことができ、より充実したサードエイジをおくることができるのではないでしょうか。

サードエイジの人たちが市民参加をして、充実した時期を過ごすということは、同時に日本社会においてそれぞれの人が住む地域社会がよりよくなることを意味しています。

かつての大家族世帯から、現在は高齢者のみ、高齢者夫婦のみ世帯が増加しています（内閣府、二〇一六a）。また一人暮らしの高齢者は、一週間ほとんど人と話すこともなく、近所の人とほとんど交流がなく、困ったときに頼る人もいない、というような社会的孤立に陥りやすいリスクが高いことが懸念されています（内閣府、二〇一一）。この孤立の傾向は男女ともにみられますが、さらに男性に顕著です。血縁や地縁というかつて人々を強く結びつけていた強い絆の減衰は大きく、このようなハイリスクの人を支えられるような地域社会のつながりの必要性が社会で認識されて久しくなります。病院や高齢者施設の増設をやめて地域社会で高齢者を支える、という方向に政府が舵をとり、地域社会の重要性はますます高くなっています。地域社会を支えるのは一人一人の個人であり、様々な経験を積み、成熟したサードエイジが地域でのリーダーとなることが期待されているのです。なぜ他人のために、と思うかもしれませんが、地域社会の人の助けが必要になったときに、それが得られるような、お互いに助け合いができる社会を創っておけば、いつか自分がフォースエイジとなり、時折サポートが必要になったときに、その恩恵に浴することができるのだと考えれば、やがては自分の利益にもなることなのです。

本章では第1章で提案した、サードエイジの三つの選択肢、社会参加活動、生産的活動、市民参加活動について、その定義と現実に表れた行動、そしてそれぞれ活動についての現在のシニアの参加状況について説明してきました。

次章では、このような選択を誰でもすることができるのか、選択をするための必要条件や選択をするための準備はどうしたらいいかについて述べていきたいと思います。

(1) 認可地縁団体——自治会、町内会等広く地域社会に資することを目的とした団体・組織のなかで、地方自治法などに定められた要件を満たし、行政的手続きを経て法人格を得たもの。

(2) 労働力率——労働力人口を十五歳以上人口で割った割合。ここで労働力人口とは就業者と完全失業者(完全失業者とは調査週間中、収入になる仕事を少しもしなかった人のうち、仕事に就くことが可能であって、かつ、職業安定所に申し込むなどして積極的に仕事を探していた人)を含む。ちなみに非労働力人口とは、調査週間中、収入になる仕事を少しもしなかった人のうち、休業者及び完全失業者以外の人を意味し、主に家事や通学、その他退職した高齢者などが該当する。

(3) サクセスフル・エイジング——決まった定義は存在しないが、近年では、健康や長寿という身体的健康だけではなく、社会活動や、社会貢献などアクティブな活動、生活満足など総合的な面から捉えられる。参

照、片桐（二〇一七）サクセスフル・エイジング　日本児童研究所（監修）児童心理学の進歩　五六号〔二〇一七年版〕金子書房
（4）アクティブ・エイジング――WHOが提唱した概念。アクティブ・エイジングとは加齢に伴い生活の質を維持・向上させるために健康と参加と安全の機会を最適化するプロセスをいう。
（5）集合的行動――不特定多数の人が、一時的に目的を持ち、相互に作用し合い、ややルーズなまとまりと方向性をもって行動すること。
（6）アメリカ心理学会 American Psychological Association のウェブサイト参照。http://www.apa.org/education/undergrad/civic-engagement.aspx
（7）五五年体制期――一九五五年、左右両派に分裂していた日本社会党が統一、自由党と民主党が合同して自由民主党が発足、一九九三年に自由民主党政権が終わるまで続いた政党政治の構図。
（8）パネルデータ――同一の調査対象者に対し、一定時間の間隔をおいて継時的に測定したデータ。縦断データともいう。
（9）世界価値観調査――世界の異なる国の人々の社会文化的、道徳的、宗教的、政治的価値観を調査するため、実施されている国際調査プロジェクト。http://www.worldvaluessurvey.org/wvs.jsp

これまでみてきたように、高齢者が定年となり仕事役割がなくなった後、どんな役割を果たし得るのか、という点に関してはロソー（Rosow, 1974）が「役割なし役割《ロールレス・ロール》」と表現してから、ながらく見つかりませんでした。しかも同じ高齢者といっても昔の高齢者と同じではありません。平均寿命や健康寿命が延伸するだけでなく、体力や認知能力も確実に若返り、六〇歳代前半までは中年期が続いているとみていいでしょう。二〇一七年に日本老年学会・日本老年医学会が六五〜七四歳を准高齢者、七五〜八九歳を高齢者、九〇歳以上を超高齢者という区分を提案しましたし、高齢者の定義が七〇歳以上になる日も近いかもしれません。トレーニングジムの利用者も元気な七〇歳代であふれています。健康面からみた高齢者は昔とまったく違うのです。

社会とのかかわりからみても、法律が改正され、六五歳まで働くことが当たり前になってきました。シニア自身も社会から引退してしまうのではなく、できるだけアクティブに生きようという時代になってきました。ついに「役割なし役割」から脱する機が熟したのです。

第1章と第2章において社会参加活動、就労などの生産的活動、市民参加活動の和が高齢者の選択肢として考え得るのではないかと提案しました。これらの活動に従事することがこれからの高齢者の役割となるのではないでしょうか。

しかし、だれでもこれらのオプションを選ぶことができるのでしょうか。そして、選んだオプションにうまく適応することができるでしょうか。仕事一筋からこれらをいきなり選択してもうまくいかないことが予想されます。そもそもそういう選択ができるのか、という問題もあります。なぜなら現役時代の仕事社会で通用した能力や知識がそのまま活きるとは限らないからです。就労を続けるなら同じではないか、と思われるかもしれません。しかし、前章で指摘したように、いったん定年を迎えた後のシニア就労は現役時代と仕事の内容や立場、周辺の期待などが異なると考えられます。現役時代とまったく同じように働くというわけにはなかなかいきません。表面上は同じでも実質はかなりの変化があるのです。

社会参加の難しさは前著『退職シニアと社会参加』（片桐、二〇一二a）で取り上げました。その中で社会参加をするためには地域社会という人間関係の中で多様な人と対等な立場で接するなど現役時代と異なる能力が必要とされることも説明しました。市民参加も同様です。

では、現役時代と異なる人とのつきあい方や、地域社会で必要な知識や能力、考え方をどうやって身につけたらいいのでしょうか。ここではそれらを学ぶことのできる三つの場、生涯学習、地域グループへの参加、企業のCSR活動を紹介します。

1　生涯学習における学び

ハンブルグ宣言

二〇世紀の終わりの一九九七年に第五回ユネスコ国際成人教育会議で採択された「成人学習に関するハンブルグ宣言[1]」（UNESCO, 1997）は「人権の最大限の尊重を基礎にした、人間中心の開発ならびに参加型の社会のみが、持続可能かつ公正な開発をもたらしうる」とし、「成人教育は権利以上のものであり、二一世紀への鍵である。それは積極的な市民性の帰結であると同時に社会生活への完全な参加の条件である」と高らかに謳っています。ここでは成人教育を「公的なものであろうとなかろうと、社会が成人とみなす人びとがその能力を開発し、知識を増やし、技術的あるいは職業上の技能を向上し、技能を自分たちのニーズおよび社会のニーズに応えるものにする際に行われる全ての学習過程を意味する」と定義しています。その中で高齢者に関しても、彼らが社会の発展に寄与できるように学習機会を得ることの重要性が指摘されています。

このように二一世紀は学校という制度的な教育制度を終了した後も生涯学び続ける、しかも高齢期に至るまで様々な場所で学び続けて社会に参加することが、これからの持続可能な社会の実現に貢献できるということになります。生涯にわたって学び続ける必要性が説かれているのです。

ここでは「成人教育」とか「成人学習」という言葉が使われています。実はこの言葉はあまり日本では用いられていません。この節のタイトルにある「生涯学習」であるとか、「社会教育」という言葉の方が日本では普通です（渡邊、二〇〇二）。この本は教育学の本ではありませんし、ここでの趣旨は大人になっての学びということなので、その意味では厳密に区別をする必要はありません。ただ、歴史的な経緯からいえば、欧米の成人教育《アダルト・エデュケーション》にほぼ重なる領域について、日本では明治時代から「社会教育」という用語が用いられてきました。そののち一九六〇年代半ばにユネスコで「生涯教育《ライフロング・エデュケーション》」という理念が提唱されて普及して以来、日本でも「生涯教育」という言葉が使われるようになりました（佐藤、一九九八）。

先ほどユネスコの「成人教育」の定義を引用しましたが、一九九九年の総理府による「生涯教育に関する世論調査」では、「「生涯学習」とは、「一人一人が、自分の人生を楽しく豊かにするために、生涯のいろいろな時期に、自ら進んで行う学習やスポーツ、文化活動、ボランティア活動、趣味などのさまざまな活動のこと」」としています。この定義によれば、前にも指摘したように茶道や書道のような伝統的「お稽古事」の伝統があった日本においては、昔から生涯学習に熱心だったということができるでしょう。

学校教育と生涯学習

「生涯学習」という言葉は、概念的には子どものころから高齢期まで含む、つまり小学校から大学、大学院までの時期も、高齢大学のような場所での学びも含むことになりますが、実際の教育行政においては、小学校から大学の時期とそれ以外は区別されて扱われています。

ここで、子どもの頃の勉強と大人、高齢期になってからの学びが同じなのか、という疑問が起こります。子どもの頃、勉強が好きだった人もいると思いますが、暗記や宿題、テストや受験勉強に明け暮れた学校時代の勉強はなかなか楽しい思い出というわけにはいかないと思います。大学の教員として教育の一端を担う者としては耳に痛いですが、あれだけ苦労して勉強したことは社会に出てから何も役に立たないという辛口の感想もよく聞きます。そんな勉強なら大人になってからまたやりたい、と思う人はあまりいないでしょう。筆者自身大学を卒業し企業に就職したのち大学院に戻ったので、年若い人に囲まれての大学院の受験勉強や、分厚いボリュームの出題範囲だった博士論文の資格試験のための暗記など、試験を受けるたびに、こういう勉強はこれで最後であってほしいと思ったものです。

高齢学習者の特徴

教育学の分野では、子どもの教育学《ペダゴジー》と成人教育学《アンドラゴジー》を区別する考え方がある一方、教育学は一つという対立する考え方もあります。このあたりの論争を堀薫夫（二〇一五）が整理しています。それによれば、前者は、成人には、自己概念における自己決定性の重視、学習資源としての生活経験、生活から芽生える学習へのレディネス[2]、問題解決的ですぐに実践に結びつくことを目指すといった特徴があるので、子どもとは違う独自の学習特性があるという主張です。それに対して後者は「学ぶ方法を学ぶ手助けをする」という根幹は子どもも成人も同様であり、両者を分ける必要はないという考え方です。

前者の二分類はその後さらに拡張されます。高齢者には成人とも異なる高齢者ならではの学習者特性があり、その特性を生かした学習支援論があるとして、子どもの教育学《ペダゴジー》—成人教育学《アンドラゴジー》—高齢者教育学《ジェロゴジー》という三分類が提案されました。そこでは高齢学習者は依存的な自己概念を持ち、多くの経験を有しているがその活用に困難が生じる、社会的役割から離れた発達の経験、教科志向型学習への回帰、学習経験の応用は二次的なものとなる、といった特徴があるとされています。しかし、二分類が提案されたときと同様、高齢学習者に固有の理論は存在するのか、という批判がおこり、いまだ議論が行われており決着はついていません。

老年学者の立場からみると、これらの論争は微妙にエイジズム——高齢者に対するステレオタイプ——を表しているように思います。高齢学習者の特徴として挙げられている点が今では高齢者の中でも年齢の高い人にしかあてはまらないものであったり、そもそも同意できないものもあります。何より高齢者の中の多様性を無視しているように思います。今の高齢者は同一年齢でも身体的認知的に個人差が大きく、十把ひとからげに捉えるのは難しいのです。一方で大学の行う公開講座に参加する高齢者を観察すると、大学生に比べて格段に目的意識がはっきりしていたり、実践的にすぐ役立つことに質問が集中したりするという、明らかに大学生とは異なる特徴があるということを感じます。

このような論争は、アカデミアの世界の問題に過ぎない、というわけではありません。シニア向けにどういうアプローチをするのが有効なのか、という実践的な問題とも密接に結びついていますが、論争に決着がつく気配はありません。いずれにせよ高齢者の中の違いに着目して、どういうタイプの人にどういうアプローチが有効であるのか、学習の内容との関連などきめ細かい知見を積み重ねていく必要があるように思います。

さらに生涯学習の場合、同じ学習をしていても、人によってその動機は異なると考えられます。例えば伝統的なお稽古事である茶道や書道は自分自身の楽しみや自己実現を目指したものでしょう。ですが、中にはすたれつつある文化を守らなくては、という日本の伝統文化の保存という社会的関心から茶道に興味を持っている人もいるかもしれません。このようにたとえ学びたい対象が同じでももっぱら自分自身の向上の動機づけなのか、社会にかかわる動機づけを持つのかによる違いもあるでしょう、あるいは学びたい対象自体がきわめて社会的な意義を持つこともあり得ます。

つまりシニア自身の特徴や傾向、学習したい対象と、学びたい動機が複雑に組み合わさっていることが想像されます。最初は自分の家の近くの川をきれいにしたい、という身近な関心から、次第に興味が地球温暖化問題といったグローバルな環境問題に広がっていくというような変化もあり得るでしょう。こう考えると果たしてどういうアプローチが有効なのか、ということを想定すること自体がそもそも可能なのか、とも思えますが、ある程度の枠を設定して、その中の有効性を探っていくというのが現実的でしょう。そのためにも生涯学習に関する研究が活発に行われ、有効なアプローチを考える際の考慮に入れられるような知見をもっと蓄積していく必要があると思います。それには研究者が行う調査や準社会実験(3)だけではとても足らず、実際に生涯学習を担っている様々な機関のデータを統合していかねばなりませんが、現在はそのようなデータ・アーカイブ(4)は存在せず、各機関が自分のプログラムの人気や効果に一喜一憂し、あるいはプログラムの開発に個別に腐心しているという状況にあります。

教育の種類

生涯学習とは教育の中でどういう位置を占めるのでしょう。まず教育学的には、教育は①フォーマル教育、②インフォーマル教育、③ノンフォーマル教育の三つに分類されます。「フォーマル教育」はいわゆる小学校から大学に至るまでの学校における教育を指します。最近では正式に大学の学部や大学院を受験する高齢者もいて、その場合はフォーマル教育となりますが、普通の高齢者にとってはフォーマル教育はほとんど関係がありません。「インフォーマル教育」は組織的、体系的教育ではなく、家庭、職場、遊びの場での学び、家族や友人の手本や態度からの学び、ラジオの聴取、映画・テレビの視聴、読書などでの学びになります。つまり日常生活の中での学びということができるでしょう。「ノンフォーマル教育」は「学校教育の枠組みの外で、特定の集団に対して一定の様式の学習を用意する、組織化され、体系化された（この点でインフォーマル教育と区別される）教育活動」になります。つまり学校以外の社会的な場における教育・学習活動です。例えば、大学での公開講座や高齢者大学、カルチャーセンターなどが該当します。こう考えると生涯学習の多くはノンフォーマル教育に該当します。では実際にはどのような機関が生涯学習の担い手となっているのでしょうか。

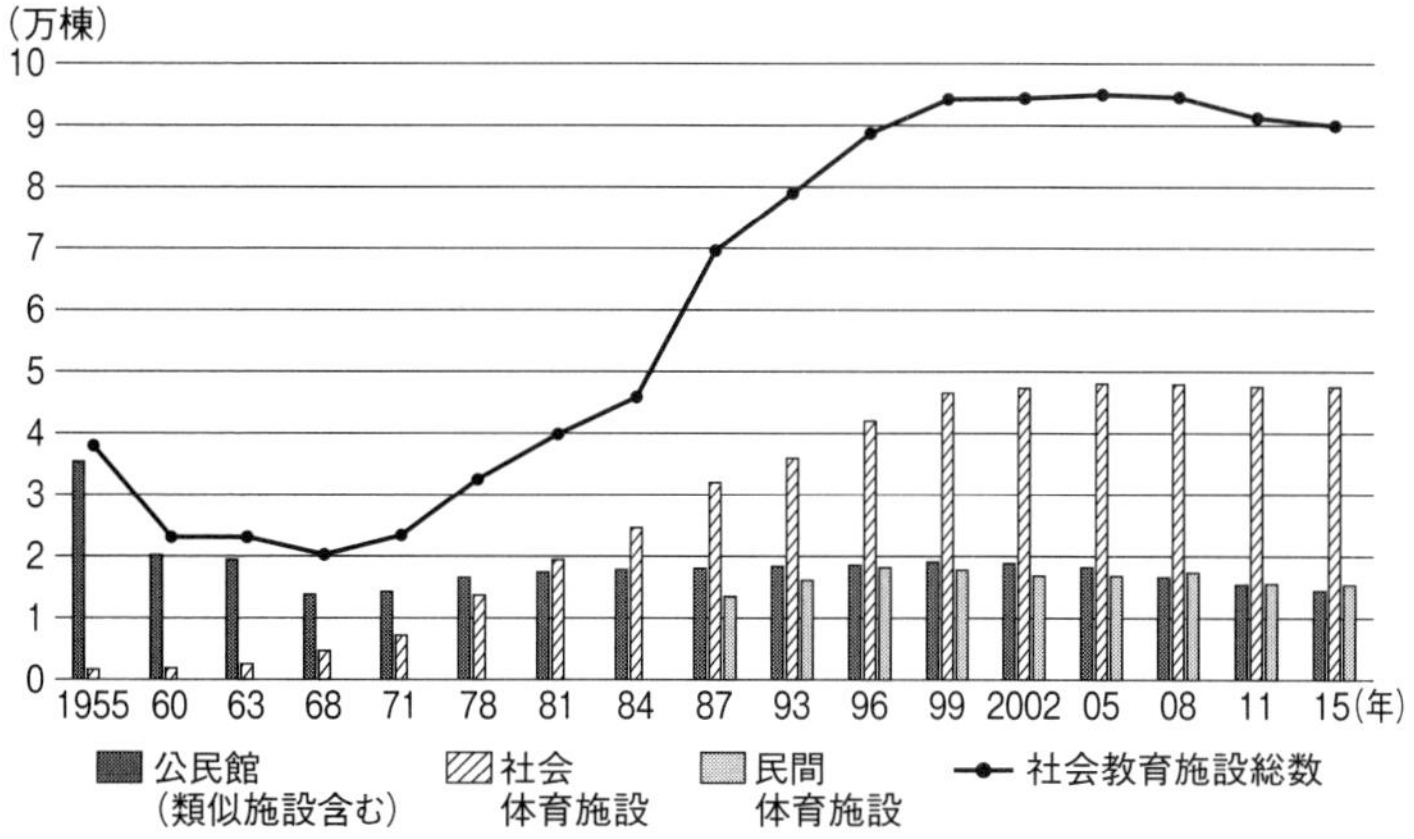

図3-1　社会教育施設数の推移　（文部科学省，2016より作成）

2　生涯学習の実施施設と現状

文部科学省の社会教育に関する統計によれば、社会教育を実施している施設は、公民館、図書館、博物館、博物館類似施設、青少年教育施設、女性教育施設、社会体育施設、民間体育施設、文化会館、生涯学習センター、となります。これらはどのくらいの数があるのでしょう。図3－1は社会教育関連の施設総数の年次推移を示したものです

総数に関しては含まれる施設の種類が追加されていますから、一概に比較することはできませんが、徐々に増加している様子が読み取れます。しかし二一世紀に入ってからは頭打ちになり、その後微減しています。

社会教育施設の内訳でみてみましょう。数が多いのは、公民館、社会体育施設、民間体育施設です（図3－1）。この三つの中では公民館は統計を取りだした一九五五年が最も多く、その後一九六八年まで減少し、そのあと少し増加

しましたが、一九九九年を境に減少傾向にあります。社会体育施設は二〇〇五年まで増加しましたが、その後微減しています。民間体育施設は一九九六年がピークで、その後やはり微減しています。

そのほか図書館は二〇一五年に三三三六棟、博物館は一一年に一二六二棟、博物館類似施設は〇八年に四五二七棟、青少年教育施設は〇五年に一三二〇棟、女性教育施設と劇場・音楽堂等（文化会館）は〇八年それぞれ三八〇棟、一八九三棟がピークです。生涯学習センターのみ一五年が最も多くなっていますが、全国で四四九棟しかありません。バブル景気のあと、箱モノ行政が施設の建設だけにお金を費やすなどと批判され、新規の建設が難しくなったという景気の状況を反映しているようです。

では、これらの施設でどのような主催者がどのくらいの学級・講座を行っているのでしょうか。文部科学省のデータが主催者として取り上げているのが、都道府県・市町村教育委員会、都道府県・市町村首長部局、公民館、博物館、博物館類似施設、青少年教育施設、女性教育施設、文化会館、生涯学習センターです。図3－2の折れ線はこれらの実施主体が開催してきた学級や講座の開催総数の変遷を表しています。一九八一年からの二十三年間で大きな伸びを示していましたが、二〇〇四年を頂点にその後減少に転じています。

図3－2の縦線グラフは主な実施主体ごとに開催した学級・講座数を示したグラフです。二〇〇七年を機に減少に転じたものの、社会教育の学級・講座の提供主体は公民館であることがわかります。二一世紀に入り、都道府県・市町村首長部局と都道府県・市町村教育委員会の提供する学級・講座数は相次いで減少し始めています。これらの数字からはハンブルグ宣言の頃の後しばらく生涯教育が注目を集め、

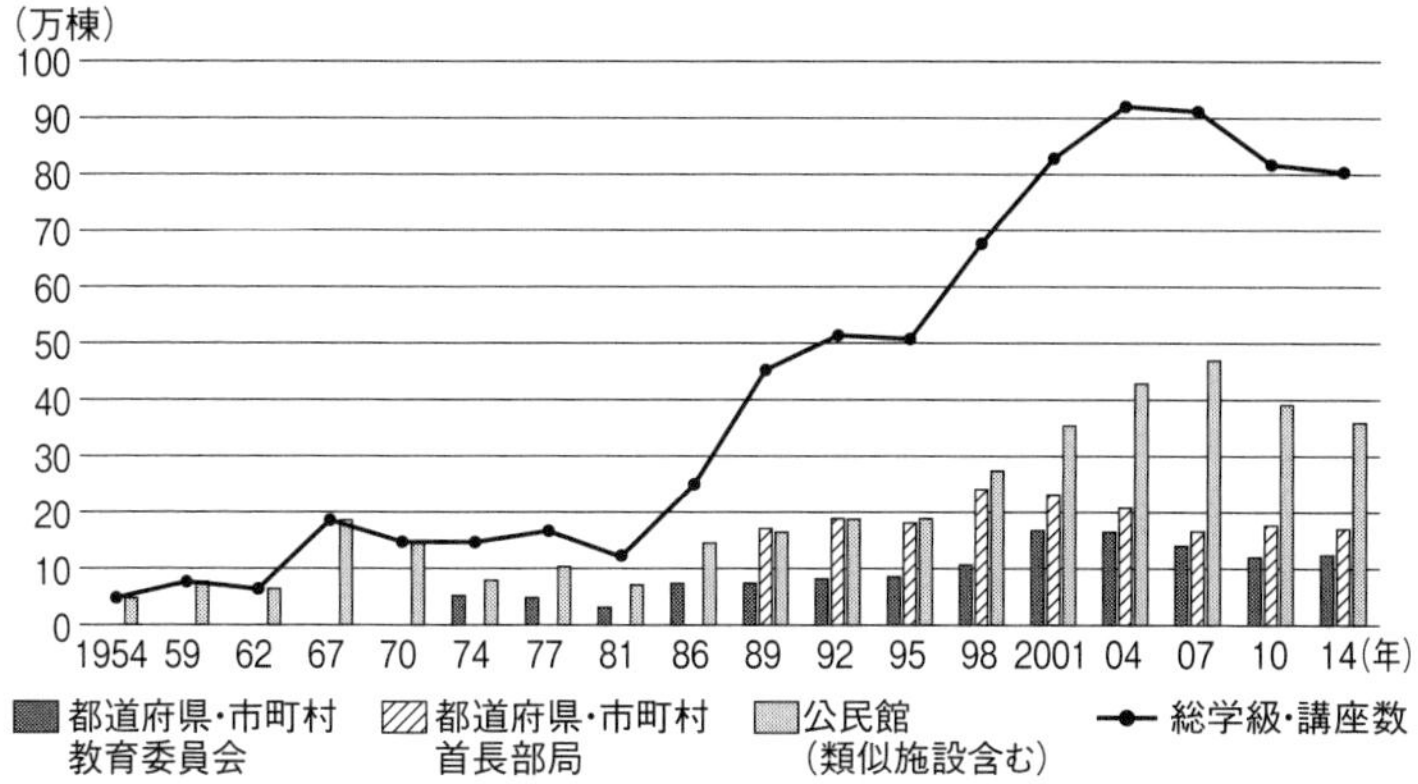

図 3-2　社会教育の学級・講座合計数と実施主体別学級・講座数の推移（文部科学省，2016 より作成）

学級・講座数が増加したけれども、その後の長引く不景気もあり、国や地方自治体の予算カットの影響が出ている様子が見て取れます。

これら三つ以外の主催者による学級・講座数をみると、劇場・音楽堂等が二〇〇四年に五万六六三二件、生涯学習センターは二〇〇七年に一万九五六六件、博物館、博物館類似施設、青少年教育施設、女性教育施設では最新の二〇一四年がそれぞれ三万三八三九件、三万九五七三件、一万八一九八件、一万一一七八件と最も多くなっています。建物の軒数の増減の時期とはずれがあり、建物ができてから、学級数や講座数が増え、施設の活用度合が上がっているようです。

学級・講座数は必ずしも人々にそれが人気があるのかを反映しません。時には抽選が必要な人気のあるクラスもあれば、残念ながら数人しか受講者がいないクラスもあるでしょう。そこで次に受講者数を見ることにしましょう。図3-3の折れ線グラフは学級・受講者数総数の推移をみた

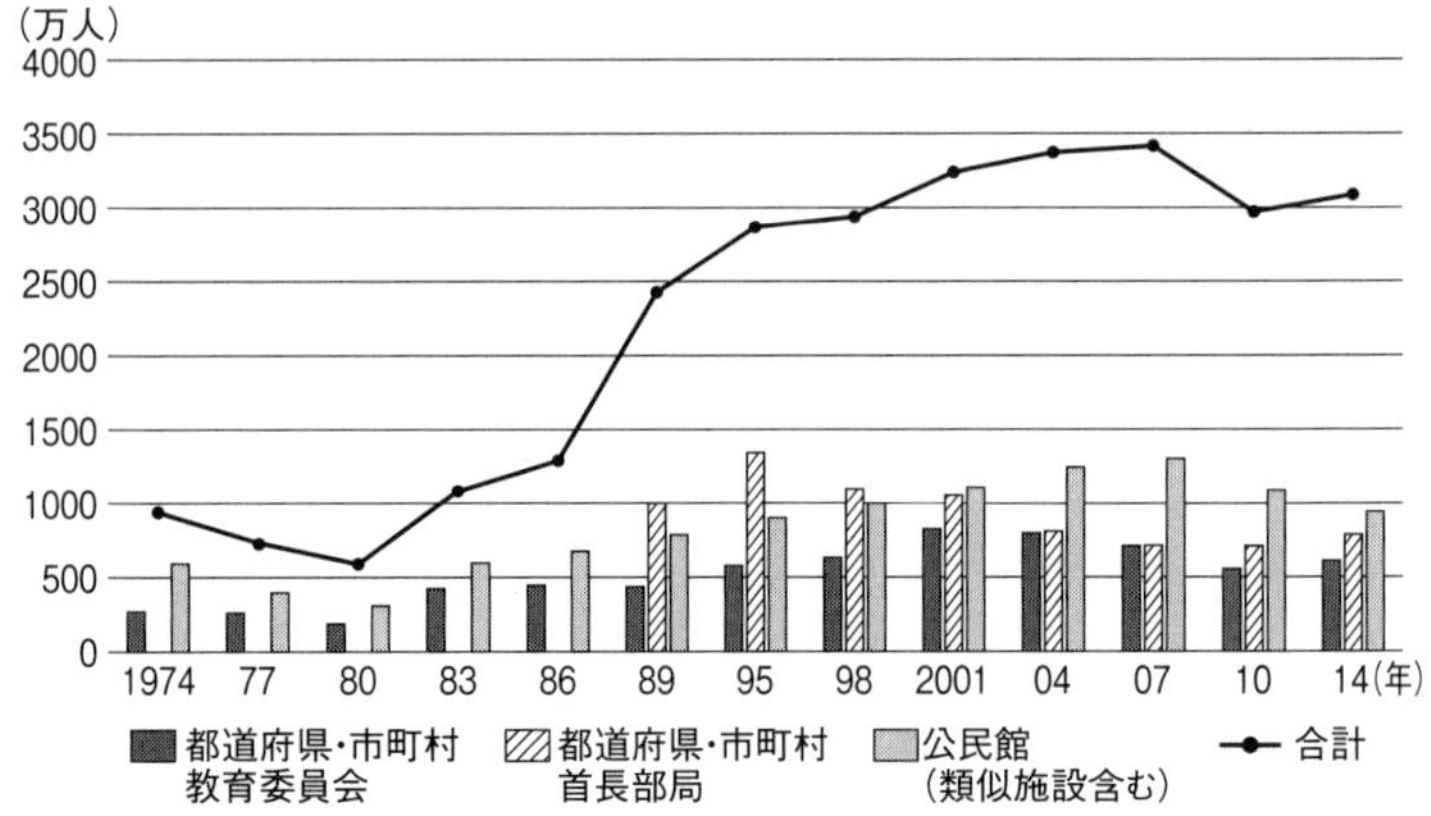

図 3-3　社会教育の学級・講座参加総数と主催者別学級・講座参加数の推移（文部科学省，2016 より作成）

ものです。学級・講座数のピークと同様二〇〇七年が最も多くなっており、三四〇〇万人強になっています。二〇〇七年の日本の総人口は一億二八〇〇万人ですから、単純に計算すると四人に一人強は参加していることになります。

次に図3－3の縦線グラフで示した社会教育の学級・講座主催者別に参加者数をみてみましょう。公民館主催の参加者数は二〇〇七年がピークになっています。都道府県・市町村首長部局主催の参加者数は一九九五年がピークで二〇一〇年には六割近くにまで減少しています。都道府県・市町村教育委員会主催の参加者数は二〇〇一年がピークです。二〇一四年には公民館以外は減少傾向がおさまり若干上昇傾向をみせています。一時生涯学習政策にあまり力を入れていないようにみえた文部科学省が再び生涯学習への取り組み施策を検討し始めたようですので、今後は徐々に生涯学習への参加の機運が盛り上がるかもしれません。

この他の主催者、劇場・音楽堂等では二〇〇四年がピークで約一八二万人、生涯学習センターでは二〇〇七年がピークで九八・五万人、博物館、博物館類似施設、青少年教育施設、女性教育施設では二〇一四年が最も多く、それぞれ二一二万人、二五九万人、七四・五万人、三八・三万人となっています。これらの主催者の学級や講座は近年なかなか盛況のようです。

さらに、この統計で把握されていない生涯学習の担い手があります。カルチャーセンターや大学の公開講座、民間体育施設で実施されているスポーツ教室、それ以外にも日本の伝統文化的なお稽古事など、小規模でプライベートに実施されているものも数えきれないほどあるでしょう。あいにくそれらの動向は調べることができませんでした。

本章の冒頭でみたように、社会教育と生涯学習という概念の違いに関していまだに論争や混乱がみられます。大雑把にいえば、実施主催者に関して社会教育は行政――公的組織――が中心となって取り組んできたもの、生涯教育はその担い手を民間まで広げたものと理解することができるでしょう。しかし担い手が民間にまで広がったことは、当然その内容にまで影響を及ぼすことになります。公的な機関が主催すれば、参加者の参加費用は民間に比べて格安な料金になります。税金を使っているからです。とすれば、参加して得たものを、公のために、つまり社会のために還元してほしい、という期待が生じるのは当然といえましょう。しかし、民間の営利団体が主催する講座に高い料金を支払って参加する人々に、社会への貢献を求めるのは難しいでしょう。

つまり、国が生涯学習の担い手として民間業者も導入してから、教室の運営に経営的な視点が取り入れられるようになり、成人教育の目的の一つであった社会を担う市民の育成、という目的が次第にあいまいになってきたのです。いかに参加者を増やすかという営利主義にシフトしているという生涯学習の現状には留意する必要があるでしょう。もちろん個人の知的欲求を満たし、人類の営みの流れの中に自らを位置づけるということも生涯学習のりっぱな目的であることは確かです。しかし自分や自分の周りだけへの興味関心だけでは、ハンブルグ宣言における成人教育でめざす、市民としての社会への参加という視点は満たせないことになります。

3　社会参加活動で身につくもの

前節では、市民教育の場としての生涯教育を紹介しました。では、第2章で提案した三つのオプション、生涯学習を含む社会参加活動、生産的活動、市民参加活動、を選択する際、かならず「意図的に学ぶ」ことをしないといけないのでしょうか。もちろんそんなことはありません。社会参加活動をしながら身につけていくこともできると考えられます。ただし、退職後に社会参加活動が簡単にできるわけではないことはこれまで指摘した通りです。前著『退職シニアと社会参加』(片桐、二〇一二a)では、インタビュー調査の分析から、以下のような社会参加に関連する要因を挙げています(表3－1)。ここで第一次カテゴリーとは、インタビュー対象者の言説からコード化したもの、さらにコード間の関係をまとめて作成したものが第二次コードになります。

表 3-1　社会参加に関連する個人的要因　（片桐，2012a を改変）

概念	第1次カテゴリー	第2次カテゴリー
1）精神の若さ	積極性 チャレンジ精神・好奇心 前向き 度胸	①積極性
	柔軟性・開放性	②柔軟性・開放性
	過去へのこだわり	③過去への固執
2）規範	グループ内相互扶助 男女平等規範 メンバー間の平等 一般的平等規範	①平等規範
3）自立・明確性	道具的自立	①道具的自立
	精神的自立 引き際の良さ	②精神的自立
	自己決定・自主性	③自己決定
	引退者としての自覚	④定年退職者役割の受容
	目的の明確性	⑤目的の明確性
4）能力	組織運営ノウハウ うち解けたきっかけ 仕事で培った能力・技能	①仕事で培ったノウハウ
	メンバー間の気遣い 暗黙のルール	②ソーシャル・スキル
	自己効力感	③自己効力感
	情報収集力	④情報収集力
5）認知	ボランティアの多様性認知 ボランティア参加へのハードル	①ボランティア多様性認知
	参加の大義名分	②役割期待認知
6）ライフヒストリー	現在の社会参加活動 過去の社会参加活動	①社会参加のライフヒストリー

それぞれ簡単に説明しましょう。第一次カテゴリーは少々細かい区分になっているので、第二次カテゴリーの中で取り上げることにします

１ 概念「精神の若さ」「①積極性」は好奇心を持って新しいものに、前向きに挑戦していくことを意味します。「②柔軟性・開放性」はシニア就労で説明したように、これまでと違う立場や役割を柔軟に、心を広く受け入れることです。その逆にあたるのが「③過去への固執」で、過去の地位などにこだわると新しい環境になじめず、社会参加を妨げることになります。

２ 概念「規範」「①平等規範」――ビジネスの縦社会とは違い、社会参加のグループはメンバー間で平等です。お互いに対等な立場で助け合い、協力しなくてはなりません。地域のグループでは女性がこれまで活躍してきて先輩であることも多いので、男女間の平等も大切です。これはグループ内に限ったことではなく、広く一般的に人間は平等だという考えを持つということです。

３ 概念「自立・明確性」「①道具的自立」――最近ではだいぶ減ってきたかもしれませんが、男性の場合、仕事場では部下に、家では妻にいろいろと面倒をみてもらっていることが多いものです。部下がいなくなるとパソコンに不自由するとか、妻が旅行に行ってしまったら、家のことがまったくできない、ということがないように、ひいては一人きりでも人間として生きていけるように自分のことは自分でできるようにするということです。

「②精神的自立」――「道具的自立」は生きる上での手段的な自立ですが、ここでは精神面の自立を指します。また過去のことを引きずらず、引き際をよくすることも意味します。

「③自己決定」――大人がやりたいことなどを自分で決めるのは当たり前と思うかもしれませんが、会社では自分で決める自由は少ないものです。自分がこうしたいと思っても上司に反対されたり、この仕事をしたいと思っていても会社の突然の方針の転換でできなくなってしまう、というような経験を繰り返していると、いつしか自分で決めるということをしなくなる、あるいはできなくなっています。退職後はすべて自分で決めなくてはなりませんが、慣れないと案外大変なものです。

「④定年退職者役割の受容」――シニア就労が増えた現在は「定年退職者・シニア就労者役割の受容」といった方がいいかもしれません。現役時代や地位があったときの自分とは違う、今の立場や役割を受け入れるということです。

「⑤目的の明確性」――昨今の会社では、年度初めに会社の方針に合わせた自分の目標を立て、年度末にはそれを振り返って評価するということをさせられることが多いと思います。この作業でももちろん自分の目標は自分で立てるのですが、あくまで会社の方針や目標を達成するように、自分の所属する部局の目標に貢献するように、という枠組みの中で考えることになります。しかし退職後はだれも目標を示してくれません。自分の目標、やりたいことはゼロから自分で設定しなくてはなりません。

4 概念「能力」 「①仕事で培ったノウハウ」――仕事で培った組織運営のコツや飲みニケーションの活用、議事録の作成などは、グループの運営にもそのまま活かすことのできる技術です。

「②ソーシャル・スキル」――社会参加のグループ内でお互いに対等な立場として接するといったメンバー間の気遣いや、会社時代の肩書に触れない、などとグループメンバー間で共有されている暗黙のルールのことを言います。

「③自己効力感」――社会参加グループという今までなじみがない環境においても何とかうまくやっていけると思えることを意味します。

「④情報収集力」――社会参加に関連する情報を、マスメディア、地域メディア、地方自治体の広報などでこまめにチェックして情報を収集する力です。地域の情報は行政の広報誌などにコンパクトにまとめてありますが、掲載されているのはほんの一部にしかすぎません。地域の様々な情報はあちこちに点在しており、いまだインターネットで検索できない情報も多くあります。人付き合いを通じてのみ得られる情報もあります。地域の情報を探し当てるのは意外とスキルと根気がいるものです

5 概念「認知」 「①ボランティア多様性認知」――ボランティアという言葉が日常使われる言葉になってきたとはいえ、まだ日本においてボランティアのイメージは奇特な人がする大変なことだというような良すぎるイメージが根強くあります。すると自分などはとてもできない、としり込みしてしまうのです。ボランティアでも気軽にできるようなものもある、と知ることはボランティア参加へのハードルを下げることにつながります。

「②役割期待認知」――これは退職男性で観察されたことですが、例えば個人に「施設でのオムツたたみを手伝ってください」と頼んでも、断わられたり手伝ってくれてもすぐに飽きてしまったりします。しかし、シニア・グループに対して、手伝いが足らないので困っているから、手伝ってもらえませんか、とお願いすると、同じオムツたたみでもちゃんとやってくれます。グループとして引き受けた責任だか

らです。なにか自分が参加しないといけないという大義名分があることは参加を促進します。ですから、ちょっとつまらない、面白みに欠けるようなボランティア内容だと思っても、その行動をしなければならないという正当性や大義名分がはっきりしていると同じ内容の仕事やボランティアに取り組みやすくなるのです。

6　概念「ライフヒストリー」「①社会参加のライフヒストリー」――著者ら（片桐・菅原、二〇一三）の研究では過去に社会参加の経験がある人の方が退職後に社会参加をしやすいということを明らかにしています。

これらの個人的要因を満たすことができれば、社会参加へのハードルはかなり低くなるでしょう。また同時に、活動をするうちに社会参加や市民参加をする際に必要な能力を身につけることができるようになります。

4　ソーシャル・キャピタルの視点から

社会参加、グループ参加はソーシャル・キャピタルの重要な構成要素です（Putnam, 2001）。パットナムはグループの中の人間関係の中で協働や信頼が涵養され、それが経済発展などにつながる資本となるとしています。このようなグループはソーシャル・キャピタル論の系譜ではボランタリー組織（voluntary association）と呼ばれており、「民主主義の学校」となるとされています（池田、二〇〇二）。では、具体的にはグループ参加のどのような特徴がソーシャル・キャピタルの形成と関連しているのでしょうか。

グループに参加する

第一に、グループ参加の様態という観点からソーシャル・キャピタルを検討した研究があります。グループ参加といっても、毎回熱心に参加する人もいれば、たまにしか参加しない人もいるでしょう。そのような参加の仕方の違いはソーシャル・キャピタルの形成に同じような効果があるのでしょうか。

一つ目が参加の程度による違いです。グループ活動に参加する時間の長さと市民・政治活動との関連性を検討した結果、参加時間は市民参加と関連していたけれど、参加時間の長さよりも、一人当たりいくつのグループに参加しているのかという参加数の方が、市民参加、政治参加と関連していました（Alexander et al., 2010）。さらにヨーロッパの一八歳以上の二万二〇〇〇人強の居住者に対して実施した調査の結果、活発な参加者とそうでない人に一般的信頼と市民参加――ソーシャル・キャピタルを測定するのによく用いられる指標――の差が観察されなかったことが報告されています（Wollebæk & Strømsnes, 2007）。よって、ソーシャル・キャピタルは、個人がグループ参加し、メンバー間でのやり取りを通じて一人ひとりが社会化されることによって形成されるわけではなく、グループという組織が必然的になんらかのメンバー間での話し合いや、多数決といった民主的決定を経ての意思決定という制度を持つことになるので、そういう制度が存在するということによって、ソーシャル・キャピタルが形成されるのではないかと考察しています。つまりグループの制度が重要なのであると主張し、ソーシャル・キャピタル論において個人のグループ参加の重要性が過度に強調されているのではないかという疑問を呈しています。

二つ目にグループの大きさです。スウェーデンにおけるボランティア組織の調査の結果、都市にあるかどうか、また団体の大きさや人数にかかわらず、グループ内では民主主義の原則に則った運営がされていたことが明らかにされています (Lundåsen, 2014)。

これらの研究からは、どんなグループであれ、その中で民主主義的な意思決定などのグループ・ダイナミクス[5]が働くことにより、グループという一種の制度自体がソーシャル・キャピタルの涵養に関連していることが示唆されます。

コミュニケーション

第二にコミュニケーションに関する研究です。民主主義的な意思決定をするには、メンバー間のコミュニケーションが必要です。このコミュニケーションの質に関して、政治学の分野では、熟議民主主義《デリバラティブ・デモクラシー》と呼ばれる一連の研究が行われています。ここでは「デリバラティブ」を多くの研究者が訳語として採用している「熟議」と訳しましたが、どうも日本語にはうまくぴったりした言葉がないようです。討議民主主義という言葉も同じ言葉を訳したもので、定訳はありません。

それらの議論の中に、特に政治的議論というコンテクストでなくても、日常の生活の中でも政治は語られるため、政治行動に関連し民主主義に貢献し得るという池田謙一の主張があります（池田、二〇〇二）。これについてもう少し説明しましょう。

熟議民主主義に関する理論概念などをベヒティガーとペドリーニ（Bächtiger & Pedrini, 2010）がまとめています。彼らは熟慮《デリベレーション》に関して同意を得た概念がないことを指摘しています。そのうえで、二種類の視点があることを紹介しています。一つ目が「タイプⅠの熟慮」です。実証的な研究における標準的な「熟慮」の概念は、ハバーマスのコミュニケーション行動から端を発しています。この考え方によると「熟慮」は政治決定に関して秩序だって論理的・科学的に実施されるプロセスを意味し、議論に参加するアクターらがそれぞれの立場を正当化し、よりよい議論をしようとすることを意味します。「熟慮」は理解の共有や同意に向けたコミュニケーションを意味するため「タイプⅠの熟慮」では、単なる話や、会話、情報の交換は「熟慮」としては扱われません。

これに対し二つ目の「タイプⅡの熟慮」は、「タイプⅠの熟慮」より広い概念になります。コミュニケーションの意図に対してよりは、コミュニケーションの結果に着目しています。例えば、人々に不愉快な事実を気づかせるために、怒りを用いて説得するということも「熟慮」に貢献するとみなすのです。よって「タイプⅠの熟慮」より日常生活において実施可能な現実性のあるものになっています。

振り返って、社会参加のグループというコンテクストを考えた場合に関連するのはこの「タイプⅡの熟慮」の方です。グループ活動の中では、どういう活動をするのか、だれがどんな役割を担当するのか、など様々な意思決定をしていく必要があります。その際にいろいろな考えを持つメンバーたちの中でそれぞれが意見を表明し、相手の立場や考えを理解し、みんなで納得できる意思決定をする、ということを頻繁に行っていると考えられます。この過程そのものが、地域社会の人々から構成されるグループの中で上手に適応するスキルとなると考えられます。

地域社会におけるコミュニケーション

市民参加に関しても、コミュニケーションは重要な役割を果たします。キムとボールロキーチ（Kim & Ball-Rokeach, 2006）は、近隣の人との会話が地域への帰属感を高め、市民参加を促すというコミュニケーション・インフラストラクチャー理論を提唱しています。彼らは「統合されたストーリー・ネットワーク」を想定しています。このネットワークはコミュニティの組織と、居住者と地域のメディアから構成されます。このネットワークでの会話・コミュニケーションが近隣への所属感と集合的効力感を高め、それが市民参加につながるというものです。この理論では近所の人たちの間の会話というものが重要視されています。個人の情報や地域の情報が近所の人同士の会話により共有されることが大切だと考えられているのです。

しかし、今の日本の都会で果たして近所との会話がどれだけあるでしょうか。マンションでは隣に誰が住んでいるのかを知らないこともままあったり、すれちがった時の簡単な挨拶だけ、という状況が普通です。戸建ての方がまだましな状況と一般的には思われていますが、ライフステージがまったく異なる隣人であれば、生活時間帯も共通の話題も見いだせない。東京ではゴミ収集も各戸ごとに実施されているエリアもあり、ゴミ出しやゴミ当番で顔を合わす機会もない。自治会や町内会の組織率も五割にも満たない、というような孤立した状況になっているのが大都市の現状です。昭和の頃のように配達されたものを預かりあったり、いただき物のおすそ分けをしたり、ということもほとんどありません。子どものいる若い夫婦では、子どもを通じた近所の知り合いができますが、子どもが高校に進学するとそのネットワークもいつしか消滅してしまうといいます。日中の住宅街を歩いても閑散として歩いている人も見当たらず、立ち話をしている人など見かけません。こういう近隣の状況では、地域の人とのつきあいをするには、地域のグループに入るのが唯一といっていい有効な方法なのです。

5 企業市民——CSR戦略

次に注目したいのは、企業の社会貢献活動です。なぜなら、社会参加、特にボランティア活動をするには、利己的志向、ネットワーク志向と社会貢献志向の高さが関連していることが明らかになっています（片桐、二〇一二a）。しかし、三〇年から四〇年もの間、利益至上主義で働いていた人に、定年後に突然社会とのかかわりに関心を持て、というのもいささか難しい気がします。第2章で、六〇歳代になって働いている場合は、社会とのかかわりを同時に持った方がいいといいましたが、それはなにも定年後だけの話ではありません。できれば現役時代から、利益を上げるだけではなく、社会への貢献、という視点も持ってほしいと思います。そうすれば定年後の社会参加がスムースになると期待されるからです。しかし、それがどうしたら可能になるのでしょうか。

そこで注目したのが、企業の社会的責任（corporate social responsibility ＣＳＲ）戦略です。これは企業も社会で生きる「企業市民」として、社会に対して応分の責任を果たすという考え方です。ＣＳＲを果たすとは日常の企業活動の中に、社会的公正性や倫理性、環境への配慮といった事柄を取り込んでいくことになります。ＣＳＲがカバーする領域は、人権、労働基本権の保護、完全な製品・サービスの提供、公正な競争条件の確保、地域社会貢献、環境問題への対応、透明性のある統治機構や情報開示などになります。ＣＳＲの対象者は従業員、消費者、仕入れ業者、投資家、コミュニティなどの企業を取り巻くすべてのステークホルダー(6)です。日本においては二〇〇三年がＣＳＲ元年といわれていますが（加賀田、二〇〇八）、最近は企業のウェブサイトに行けば、ＣＳＲレポートを見ることができ、その中で企業が取り組んでいるＣＳＲ戦略が紹介されています。

つまり、利益を上げるだけではなく、社会への責任をきちんと果たすということが企業全体の評価にかかわる時代になってきたのです。時代の流れなので、多くの企業は何らかのＣＳＲに取り組んでいますが、会社によって熱意の強弱があるのが現実でしょう。中で働く従業員は自分たちの会社がどのくらい真剣に企業がＣＳＲに取り組んでいるのか、つまり世間体から致し方なくやっているのか、あるいは真剣に取り組んでいるのかを認識しているのではないかと想像できます。だとすれば、企業が真剣にＣＳＲに取り組んでいるならば、その意識が従業員に植えつけられる。逆に会社の体裁からだけで真剣に取り組んでいるわけではない、と従業員が内心批判していれば、そういうことは起こらないのではないでしょうか。
筆者ら（片桐・菅原、二〇一一）は、五つの企業の従業員に対して、自社の企業のCSR戦略への評価と、個人の社会貢献志向と、ソーシャル・キャピタルの尺度である、社会参加と一般的信頼に関する調査を実施しています。その結果、本人が社会貢献志向が高く、自社が本気でCSRに取り組んでいると考えている人たちは社会参加をしている傾向が高かったのに対し、社会貢献志向が低い人たちではそのような関連が見られなかったことを報告しています。この調査は一回限りの調査なので、それらの因果関係はわかりませんが、企業が真剣にCSRに取り組むと従業員にもそれがある程度は伝わる、といえるのではないでしょうか。その場合は、企業という組織においても市民参加に必要な資質を得ることができるといえるでしょう。逆にブラック企業といわれるような、従業員からも搾取するような企業ではそのようなことを期待することは無理、ということになります。

そもそもなぜCSR戦略を採るのかについて、経営学的に説明する二つの見方があります。一つはステークホルダー最大化という見方と株主費用という見方です。前者は労働者、供給者、銀行など会社のステークホルダーとのよりよい関係を維持するため、という考え方、後者は経営者が株主の費用によって、利益のためにCSRを行う、という考え方です。これらのどちらがより適合的なのか、という研究は多く行われていますが、その企業が存する地域に着目したのがジャとコックス（Jha & Cox, 2015）です。彼らは、企業が存する地域のソーシャル・キャピタルの高低が企業のCSR戦略に影響を与えているのではないかと考えて調査を行ったところ、ソーシャル・キャピタルの高い地域ではCSR度が高かったという関連を見いだしています。この結果からは、ステークホルダーないしは経営者の利益だけでは、CSRが説明できないことを示しています。

片桐・菅原の説とジャとコックスの説を合わせれば、地域のソーシャル・キャピタルが企業の市民度をあげ、それが個々人の従業員の市民度をあげる、という関係がみえてきます。

前章ではサードエイジの三つの選択肢、社会参加活動、生産的活動、市民参加活動の選択肢を提示しましたが、本章では、その選択を可能にするための資質や能力を実現するための学びがどこにおいて可能であるのか、ということを提案しました。一つ目が今は幅広い実施主体が実施している生涯学習において、二つ目が社会参加でのグループ活動の中で、三つ目が企業の働く場の中において、それぞれ獲得する機会は存在すると考えられます。生涯学習と社会参加活動は、参加するのにやっぱりハードルが高い、という人がいるかもしれません。しかし、このように考えれば、企業で働いている時においても、そのハードルを超える機会は身近に転がっているのです。現役時代から、働きながら社会に対する意識を涵養する、ということは、少しの意識を持てば誰でもできることです。それには自分の会社以外の世界を知ることが第一歩です。例えば自分の会社以外の人と異業種交流をするだけでも、自分の会社の世界を客観的にみる視点を得ることができます。さらに自分の地域のことを知る努力をする。それには自治体の発行するウェブサイトや広報をみてみる。自分の住む地域の人口や高齢化率を知るだけでも地域に対するイメージは少しリアリティのあるものになります。議会で取り上げられている議案やそれをめぐる議論を見れば、地域の問題が何であるのかを知り、理解することができます。このようなことは自宅にいて少しの時間があればできることです。さらに、たまにでもいいから自治会や町内会の会合にでてみる、地域のお祭りに参加し、地域の人と交流してみれば、日頃疎遠な地域社会との距離を縮めることができるでしょう。

たとえ自分の働く会社がCSRに熱心でなかったとしても、利益を上げなくてはいけないから仕方がない、と思うのではなくて、そういう会社のあり方を客観的に批判しながら、利益追求の視点と同時に社会に対する視点を持つということはどんな会社にいてもできることではないでしょうか。現役時代にそのような視点を養っておけば、定年後の活躍の素地ができているということになるのです。

（1）「成人学習に関するハンブルグ宣言」（JNNE: Japan NGO Network for Education, による日本語訳）http://jnne.org/img/statements/hamburg.pdf

（2）レディネス――学習を効果的に行うことを可能にする学習者の心身の準備状態をいう。心身の成熟、適切な予備訓練、興味あるいは動機づけなどに依存する。

（3）準社会実験――社会実験は現実社会の人間を対象として、政策介入の効果などを検討するのが典型的な例。その際、個人や家族や企業、教室などの単位を無作為に異なる実験条件と現状のままの統制条件に割り振るという研究方法である。しかし実際には、無作為に両条件に割り振るということは実施することが困難であるため、実験条件だけを設定して、実験の効果を測定しようとするタイプの準社会実験が用いられることが多い。

（4）データ・アーカイブ――社会調査によって得られた調査データを収集・蓄積し、データの二次利用を希望する第三者にその情報を提供する機関。日本においては東京大学社会科学研究所附属社会調査・データアーカイブ研究センターがSSJデータアーカイブ（Social Science Japan Data Archive）を管理運営している。

（5）グループ・ダイナミクス――集団およびその成員の行動に関する独特な考えや行動。またそれらに関する研究。集団力学。

（6）ステークホルダー――企業・行政・NPO等の利害と行動に直接・間接的な利害関係を有する者を指す。利害関係者。消費者（顧客）、従業員、株主、債権者、仕入先、得意先、地域社会、行政機関など。

第4章　サードエイジの活躍の場
——見過ごされてきた可能性

ここまで、第2章でサードエイジの選択肢を提示し、第3章でその選択肢が可能になるような自分になるための学びの場を紹介してきました。本章ではこれらの選択肢の現在の実際の様子を、生活に身近な就労から紹介していきたいと思います。

1　生涯現役を目指す社会——継続就労をめぐる現状

就労可能年齢の上昇

二〇一三年、希望者全員に対して段階的に六五歳までの雇用を義務づける「改正高年齢者雇用安定法」が施行され、徐々に就業可能年齢が上がってきています。その様子を少しみてみましょう。

高齢者雇用に関して、高年齢者雇用確保措置の実施済企業の割合はほとんど一〇〇パーセントになっています。つまり、ほとんどの企業において六五歳まで望めば働き続けることができるようになりました。

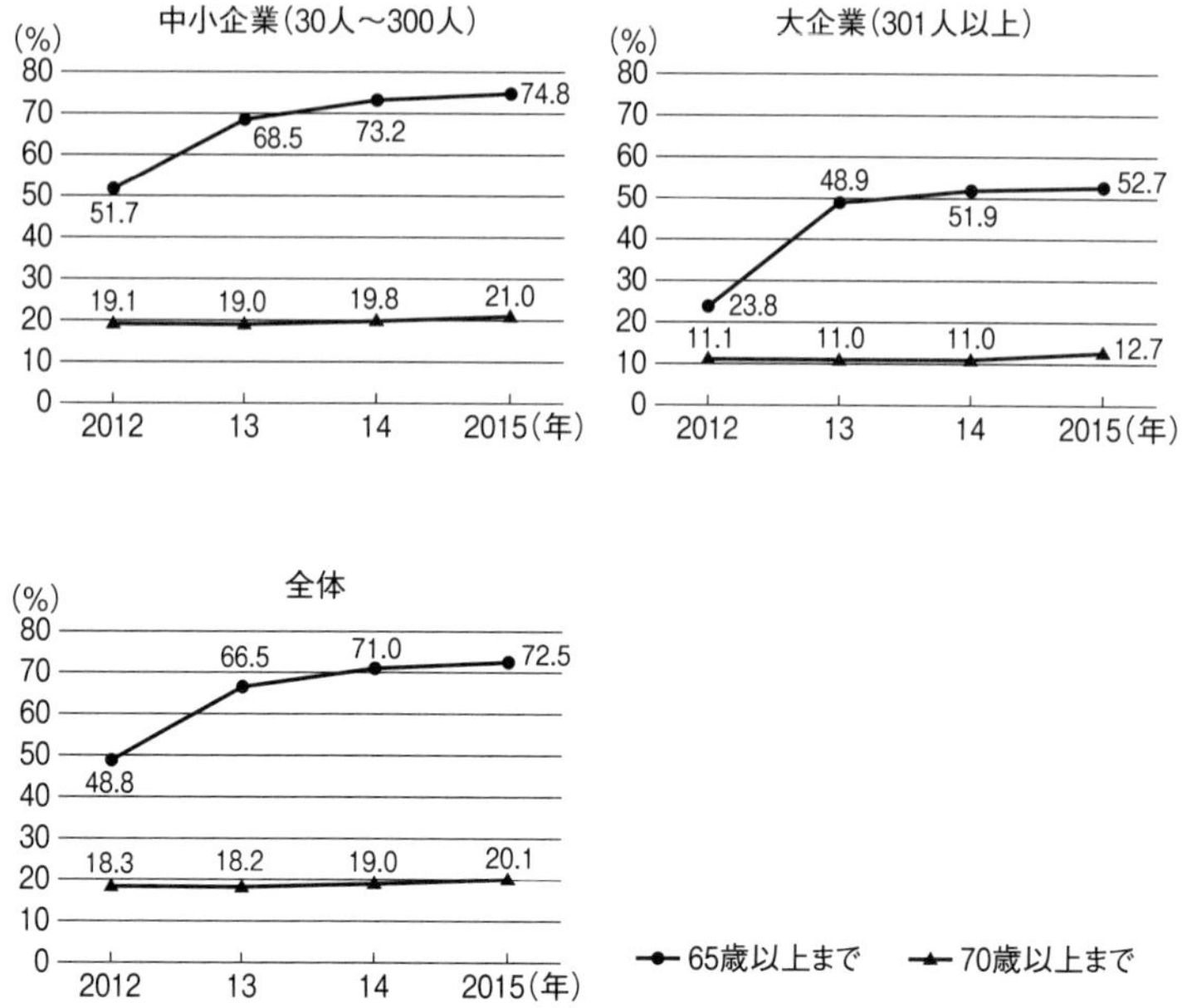

図 4-1　希望者全員が 65 歳以上／70 歳以上まで働ける企業の状況（厚生労働省，2015a，2014，2013，2012 より作成）

では、六五歳以上についてはどうでしょうか。厚生労働省の二〇一五年「高年齢者の雇用状況」によれば、希望者全員が六五歳以上まで働ける企業は七割強、七〇歳以上まで働ける企業は二割弱となっています（図４－１）。改正法施行前年の二〇一二年の希望者全員が六五歳以上まで働ける企業の割合は五割弱、七〇歳以上まで働ける企業の割合は二割弱というデータと比べると、六五歳まで働ける企業は二割以上増加したことになります。

近い将来の七〇歳までの雇用実現に向けた時代に入ったということでしょう。とはいえ、生涯現役を目指す政府の方針はなかなか実現しそうにありません。それには定年制を廃止しなければならないですが、定年制を廃止したのは三％、つまり九七％の企業では定年制をいまだ採用しているからです。

定年後の雇用は一般的には「勤務延長」または「再雇用」になります。「勤務延長」が定年到達者を退職させることなく引き続き雇用するのに対し、「再雇用」は雇用を一旦中断し、その翌日に、再び雇用するものとして区別されています。つまり雇用関係の中断の有無による違いになります。

継続就労の労働条件

次に賃金についてみてみましょう。従業員五名以上の企業を対象にして行われた二〇〇八年高年齢者雇用実態調査（厚生労働省、二〇〇九）の調査結果では、現役時代の賃金と比較すると最も多いのは、勤務延長者の場合、「同程度」が七〇パーセント、「八〜九割程度」が一三パーセント、「六〜七割程度」が一〇パーセント、再雇用者の場合は「六〜七割程度」が三五パーセントと最も多く、「八〜九割程度」が二四パーセント、「同程度」が二二パーセントとなっています（図4-2）。このように再雇用者の方が賃金が減る割合が大きくなっています。割合は低いですが、時には五割を下回るケースもあり、仕事の内容もあまり変わらないのに賃金が大幅に下がる場合は働く意欲を保つのは容易なことではないでしょう。

賃金の金額自体はもちろん重要ですが、金額以外に、どのくらい自分の働きぶりが反映される仕組みがあるのか、ということも働く意欲にかかわる要因です。現役時代は個人業績が厳しく査定されて各人

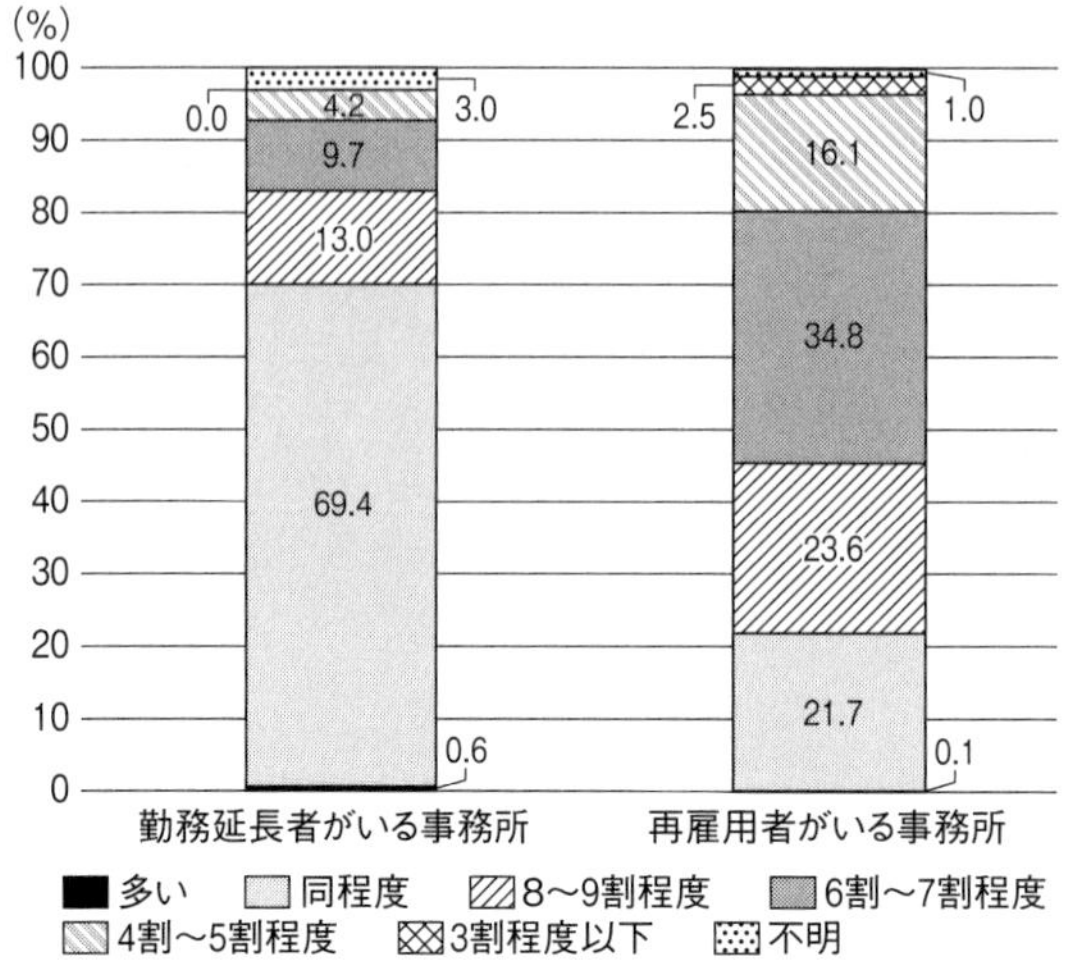

図 4-2　定年後に継続雇用した労働者の賃金別事務所割合（厚生労働省，2009 より作成）

が異なる評定をされました。しかし定年後は現役時代と異なるざっくりとした評価制度になるか、あるいは評価制度自体がない企業もあります（藤波、二〇一三／片桐、二〇一七）。そうすると頑張りがあまり反映されないということになりますから、現役時代と同じ働くモチベーションを保つことを期待しても難しいのではないでしょうか。

さらに、就業条件も重要な要因です。六〇歳を過ぎたら、仕事以外の生活を楽しみたいとか、現役時代と同じような通勤ラッシュにもまれる長時間の通勤はしたくない、月曜日から金曜日までの終日の労働はしたくない、という人も多くなっています。ですが、労働時間や日数を減らす短縮された労働形態は少なくとも六〇歳代前半までは少ないというのが現状です（図４－３）。

最後にもう一つ重要なのが、仕事の内容です。それまで営々として築いてきた自分のスキルやノ

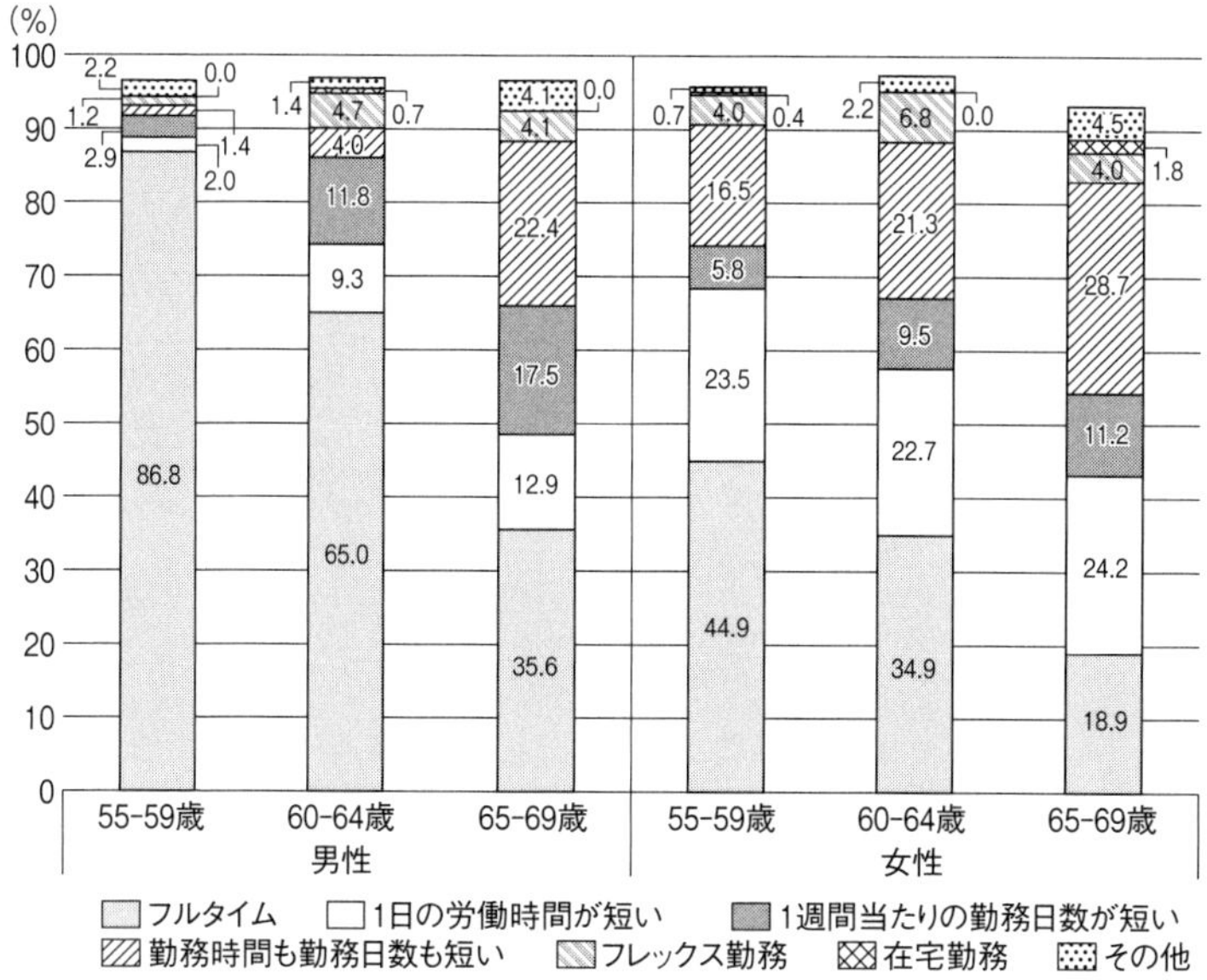

図 4-3　雇用者の勤務形態　（労働政策研究・研修機構，2010 より作成）

ウハウを活かせるのかどうか。それまでやってきたことのない仕事に挑戦してみたいという果敢な人もいるかもしれませんが、普通は、自分の経験を活かせる仕事を望むのではないでしょうか。しかし、現実には必ずしもそのようになっていません。法律で雇用が義務付けられたので、わざと経験がなくやりたくないような仕事にシニア就労者を配属するという企業も現実には存在します。これについては次の節で詳しく説明します。

2　継続就労の課題

二〇一三年の「改正高年齢者雇用安定法」施行の社会的な影響は大きく、その前後に高齢者就労に関する調査や研究が相次いで行われています。その中で、生涯現役の実現を阻むいくつかの課題が明らかにされています。

シニアに対する「暗黙の選抜」

高木朋代（二〇一四）は、定年以後の就業に焦点をあてたモデルを提案しています。それによれば第一段階として「六〇歳定年以降の就業意思の有無の決定」をします。ここで「就業したくない」と思う人は引退することになります。「就業したい」と思う人は、第二段階として「現企業で就業する」かどうかを選ぶことになります。法律に従えば、「現企業で働きたい」と思う人は、そのまま継続就労できるはずですが、彼女はそうはいかない現実を指摘しています。なぜなら、六〇歳以降も働きたいと思いながらも、企業に継続就労の意思表明をしなかった人が多くいるという現実があるためです。

継続就労を望みながらも、「自己選別」と「すりかえ合意」という二つのフィルターを通過しなければ、「継続就労したいと企業に言わない」、ということがしばしば起こると高木（二〇一四）はいいます。「自己選別」というのは、長年企業で働いた結果、企業の価値観や求められる仕事のやり方、達成水準など企業固有の評価基準を認識するようになっているので、その評価基準に鑑みて、自分の企業における価値に徐々に気づき、企業が自分を本当に雇いたいと思っているのかということに思いを致し、法律で仕方なく雇うのだろう、と思えば、自分がやりたくないような仕事をやらされる、という可能性を心配するでしょう。あるいは企業の業績がおもわしくないことを知っていれば、企業のためを思って遠慮するということが起こり、このような「自己選別」の結果として引退を選択することになります。

一方、転職できる能力のある人は、もともと企業への依存度が弱く、それまでの企業の自分への遇し方で、自分と企業の距離をだんだん感じとるようになり、当初は自発的ではなかったものの、いつのまにか自分自身が転職を選択したのだ、という「すりかえ合意」が起こり、転職を選択する、ということになるというのです。

高木はこれらを「暗黙の選抜理論」と呼び、たとえ法という規制の枠組が整えられても、隠れた選抜がなくなることはないだろうと予想しています。

企業の高齢者活用の本音

藤波と大木（二〇一二）は、二〇一二年実施の企業を対象とした調査のデータを用いて、企業の高齢者活用の方針について調べています。その結果、「改正高齢法の範囲にとどめたい」が七割と最も多く、「上限年齢なく活用したい」と「六六歳以降まで活用したい」と考える企業はそれぞれ一割にとどまったことを報告しています。多くの企業は法律で義務化されたから仕方なく従う、という企業の本音をうかがわせる結果です。

藤波美帆（二〇一三）は二〇一一年に実施した調査データを用いて、企業の継続雇用者の活用方針について調べています。その際、重視されるべきは、高齢社員間の「公平性」とともに、高齢社員と現役社員の間の「公平性」であると指摘し、その観点から高齢社員用の人事管理の特徴を現役社員用の人事管理との違いから検討しています。企業がどのように高齢社員を活用するかを、就業条件と業務内容の観点から検討するため、「仕事の内容が同じかどうか」と「労働時間が同じかどうか」で四種類に分類しています。その結果、「仕事の内容が同じで労働時間が変わるタイプ」が四五パーセント、「仕事内容が変わる・労働時間が同じタイプ」が三五パーセントと多く、「仕事も労働時間もともに変わるタイプ」は二〇パーセント弱、「仕事も労働時間も変わらないタイプ」は一パーセントにも達しませんでした。ただし、ここで「仕事内容が同じ」といっても実際は部下の管理育成は担当しない、責任が軽減されるなど、まったく同じではないことに注意が必要です。「仕事の内容が同じで労働時間が変わるタイプ」は会社規模が小さく、高齢社員を多く雇用する企業でもありました。「仕事も労働時間もともに変わるタイプ」は大企業に多くみられました。

もう一つどのように働きぶりを評価するか、ということも高齢社員を活用しているかどうかをみるのに有用です。あいにく高齢社員の社員の評価の格付け制度がある企業は全体で一五％しかありませんでした。格付け制度は人事管理の基礎でありこれが不十分であると賃金などの処遇に働きぶりを反映することが難しくなります。高齢者雇用の評価の格付け制度についても、「仕事の内容が同じで労働時間が変わるタイプ」の採用が最も多く、「仕事も労働時間もともに変わるタイプ」が最も採用していませんでした。

さらに経営上の効果として「職場の生産性の向上」「製品・サービスの品質の向上」「労務費の削減」「他の従業員の仕事に対する意識・態度の向上」「若手・中堅社員への技能や技術の継承」「社会的なイメージの向上」に対して効果があったかを聞いてみると、すべての項目で「仕事も労働時間も変わらないタイプ」の企業の評価が最も高く、次いで「仕事の内容が同じで労働時間が変わるタイプ」でした。

つまり、現状では全般的にみれば大企業と比べて「仕事内容が同じで労働時間が変わるタイプ」の多い中小企業の方が大企業より高齢社員の活用度が高く、活用度が高ければ経営上のメリットも多く認識している、ということになります。

鹿生ら（二〇一六）は二〇一三年に企業に実施したデータを用いて、六〇歳代前半層の人事施策と六五歳を超えて雇用機会を提供する人事施策を検討しています。彼らを投資対象として能力の向上を図りながら活用するのか、あるいは既存の能力を再編しながら活用するのかについてみた結果、六五歳以上の雇用制度を導入する企業とそうでない企業に差がみられ、前者は高齢者の能力向上を志向し、役割や教育訓練は高齢者の自立性を尊重して決定しているのに対し、そうでない企業は、能力向上ではなく能力の再編、役割決定では企業の要請に高齢者を適合させるという志向性を持っていたことを見出しています。

これら一連の研究結果からは、企業の本音が見え隠れしています。本当は雇いたくないけれど、仕方がない。しかし、雇うからにはできるだけ活用しようとする会社も徐々には増えてきている、というところではないでしょうか。それは会社規模による違いも大きく、高齢社員の活用に真剣なのは現時点では中小企業のようです。

企業で働く人が定年の際の大きな選択にあたって考慮するであろうこのような諸条件は、刻々と変化しています。自分の勤める企業が六〇歳を超えた社員をどのように遇しているのかを知ることも決断の

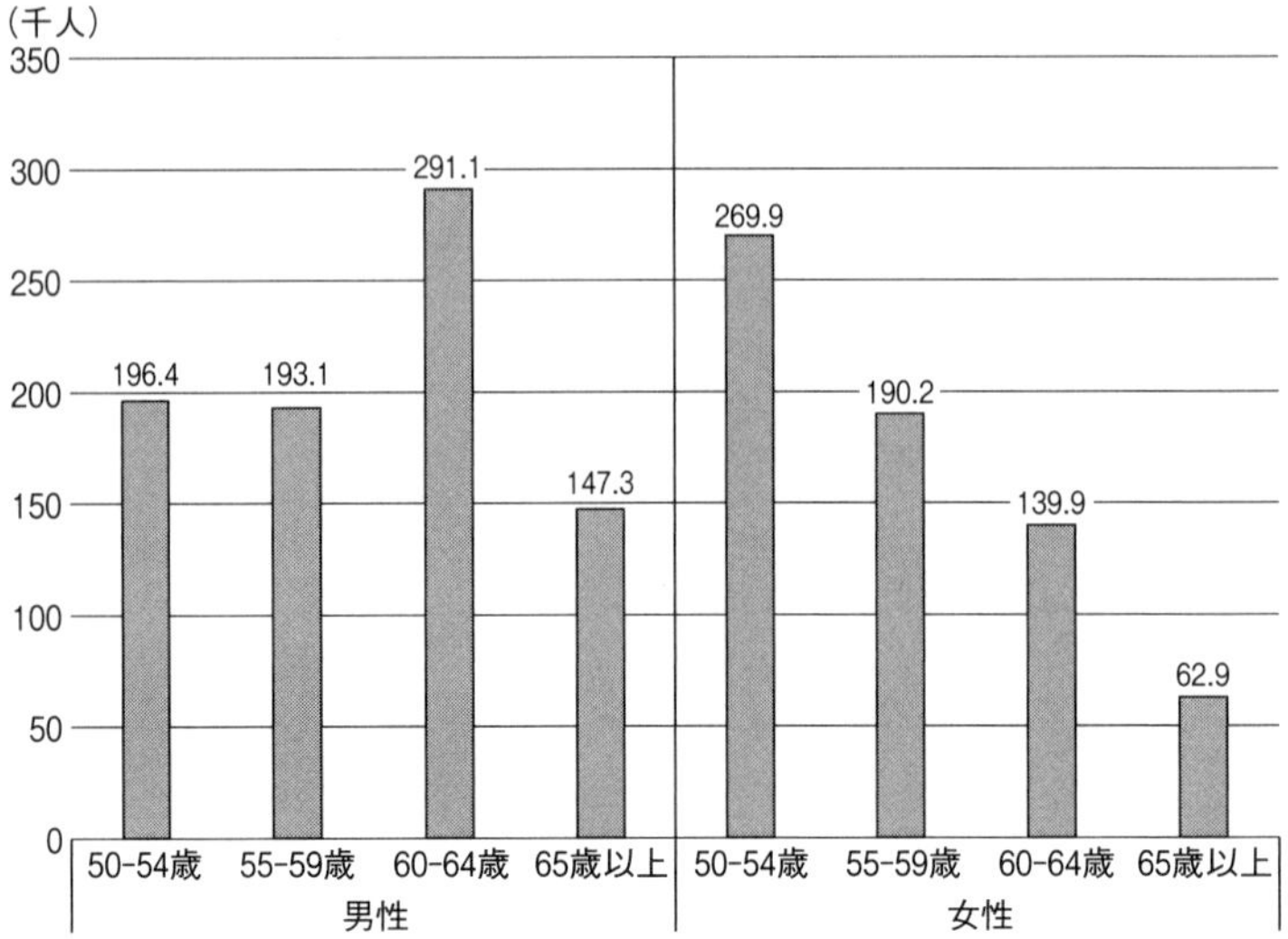

図 4-4　高齢者の男女年齢カテゴリー別入職者数計（e-stat 2014 年データより作成）

一助となるでしょう。社内で自分で見聞きしたり、シニアの先輩から情報収集したりして、自社の高齢者雇用の現状を正しく認識して判断しなければなりません。その際にこれまで紹介したような日本企業全体の高齢者雇用の動向を把握し、ほかの企業がどうなのか、それに比べて自社はどうなのかを知ることも有用であると思われます。

3　サードエイジの転職と起業

シニアの転職

ここまで現役時代と同じ企業で働き続ける継続就労について取り上げました。ここでは、それ以外の引退以外の道、つまり転職と起業について取り上げたいと思います。

図４－４は男女、年齢層別に入職人数につ

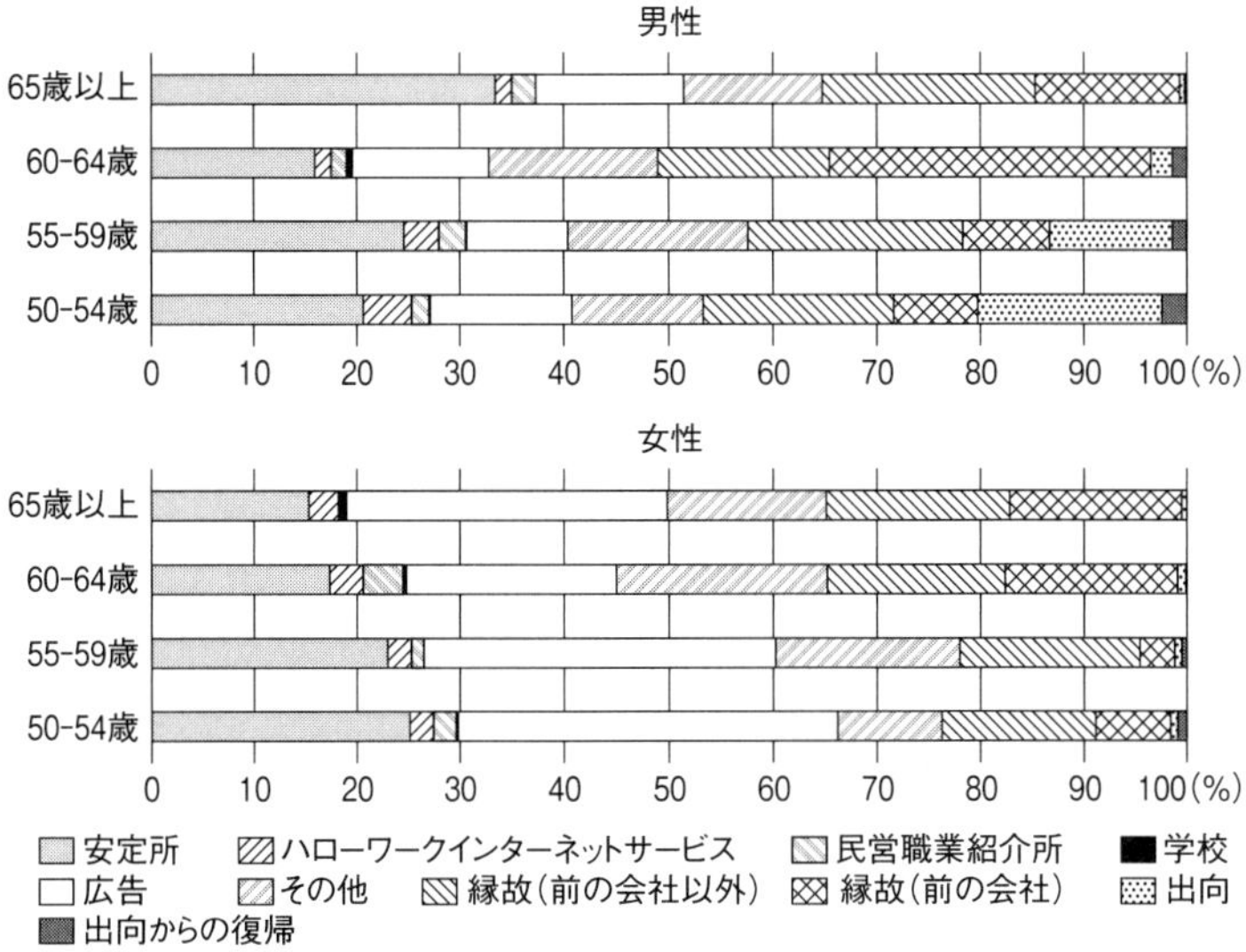

図 4-5　入職した際の経路　(e-stat 2014 年より作成)

いて表したものです。入職者の人数は男性八二万八〇〇〇人弱、女性は六六万三〇〇〇人弱です。年齢層でみれば、男性は六〇歳代前半の人数が最も多く、女性は五〇歳代前半が最も多くなっています。統計の数字は入職者数なので、転職なのかどうかはわかりませんが、男性の場合は五〇歳代はほとんど働いていますので、定年後の再就職とみなすことができるでしょう。

次にこの入職をどのような経路によって探したのかを男女、年齢層別に示したのが図4―5です。

男性の場合は六〇歳代前半のみ違うパターンを示し、三割強が前の会社による紹介になっています。現役時代と同じ会社にはとどまれず、関連会社や子会社、取引関係の会社を斡旋されて転職した様子がうかがえます。六五歳以上では、前の会社の周辺企業に紹介された人が一四パーセントいますが、職業安定所を利用した人が三四パーセントになっています。これに対して女性の場合は、年齢層にかかわらず、広告を利用した人の割合が最も高くなっています。六〇歳前半は、男性同様前の会社の紹介が一七パーセントと多くなりますが、その割合は同じ年齢層の男性の半分にも満たないですし、全年齢層をみれば、その割合は男性より圧倒的に小さなものでしかありません。

職業紹介機関についていえば、公共職業紹介所（通称ハローワーク）がかなり利用されています。しかし、これらの機関で紹介される仕事の種類は限定的でしかありません。多くの、いわゆる中間層のホワイトカラーの人たちが望むような仕事を紹介できる公的な機関が日本においては未発達であることが問題です。

しかし、ようやくそのような状況の打開に向けて、動きが始まりました。人材サービス産業協議会が経済産業省と厚生労働省の委託を受けて実施している「キャリア・チェンジ・プロジェクト」です。このプロジェクトは主に中高年のホワイトカラーの転職について「ミドル・マッチ・フレーム[1]」を提案しています。これまで転職の際には専門知識や専門技術が重視されてきましたが、このモデルではどこの企業でも通用する「ポータブル・スキル[2]」の重要性に着目しています。企業も本人もその重要性にこれまで着目してこなかったのですが、転職がうまくいったケースをみると、この能力の重要性が浮かび上がってきました。

中高年をターゲットとしているといってもまだシニア就労者まではカバーされていないようですが、

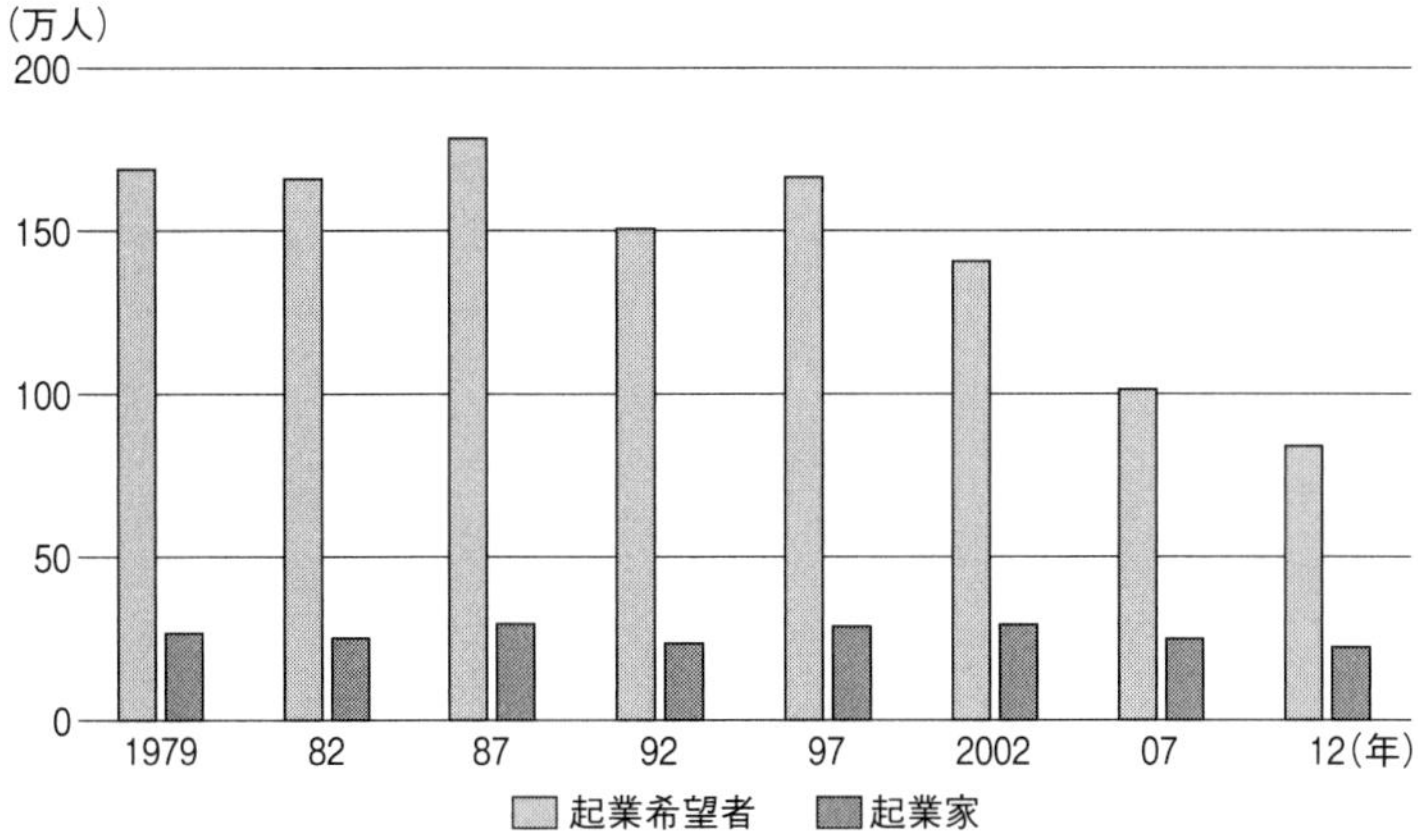

図 4-6　起業の担い手　（中小企業庁，2014 より作成）

中高年での実績や経験を踏まえて、シニア就労者のためにも同様の仕組みが早くできることが望まれます。

シニアの起業の現状

次に起業についての現状はどうでしょうか。図4－6は起業希望者と起業家の数の変遷をみたグラフです。起業家自体の人数は一九七九年からいったん上昇したものの最近では減少しています。起業を進めたい日本としては問題だとされています。

起業希望者と起業者の年齢別の割合を示したのが図4－7です。実数としては減少しているものの、そのなかで起業希望者、起業者ともに六〇歳以上の伸びが注目されます。現役時代の会社という慣れた環境から飛び出して、新しい活躍の場をつくろうとチャレンジするシニアに期待されるところです。ただ、実数でみれば、シニアの占める割合は起業家二二万三〇〇〇人の三割強で、約七万二〇〇〇人（中小企業庁、二〇一四）。厳しい門であることは確かで、簡

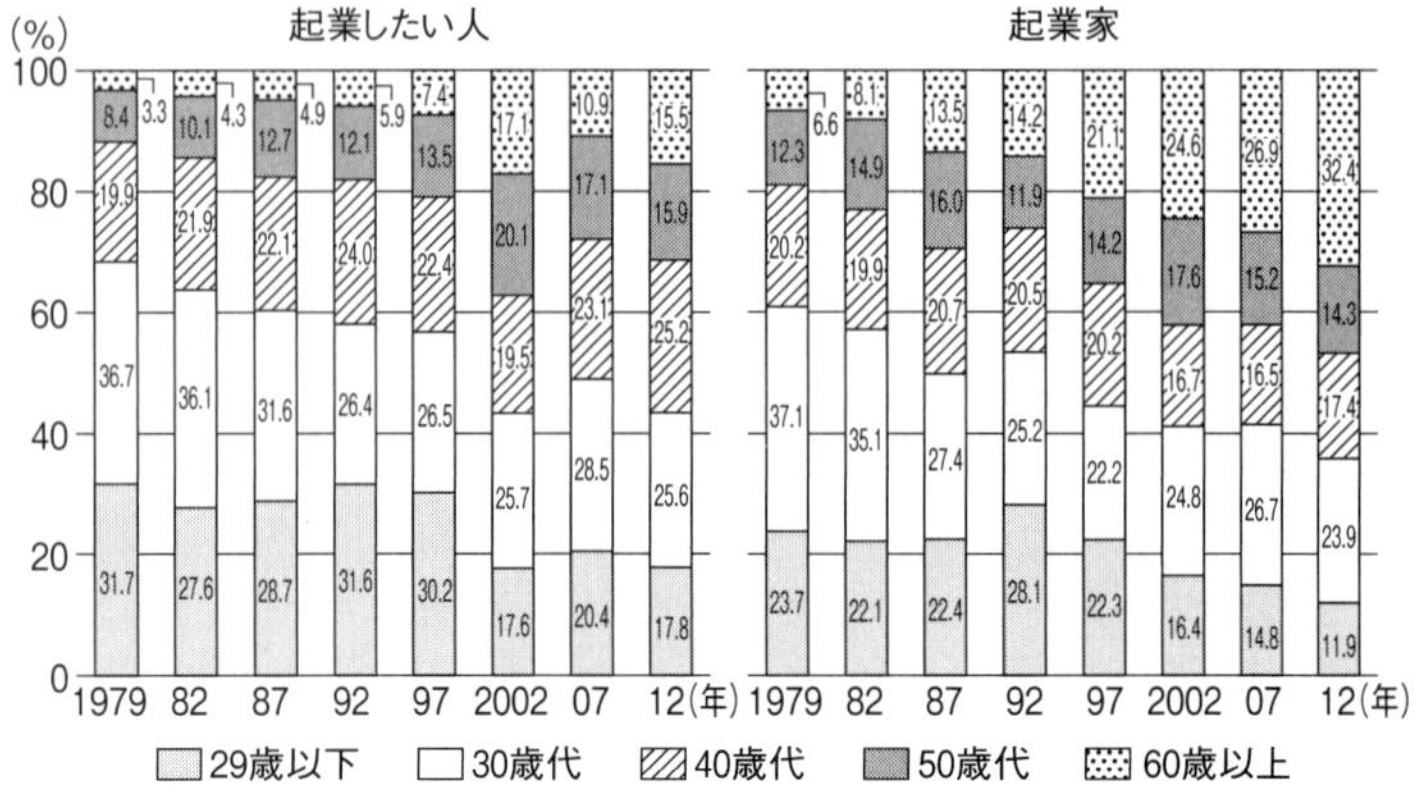

図 4-7　起業希望者および起業家の性別と年齢別構成（中小企業庁，2014 より作成）

単に起業できる状況とはいえません。

しかしながら、趣味の蕎麦打ちやパン作りを活かして蕎麦屋やパン屋を開業する、自宅を改装して地元の野菜とワインの食堂を開く。定年後にやりたい男性が多い農業ですが、できた野菜を青空市場で売る、といった自分の好きなことを仕事に発展させるパターン、高齢になり自分で外出がままならない人のための介護タクシーや移送サービスを行うNPOの立ち上げといった社会貢献分野で活躍するパターン、専門知識を活かした行政書士や経営コンサルタント業などシニアの起業の活躍分野は様々な分野に広がっています。

ここまで転職と起業についての現状をみてきました。まず転職では、多くを占めるホワイトカラーの転職支援をする機関が整っていないこと、起業の場合は狭き門であること、さらに前節でみた現役時代と同じ会社での継続雇用は、仕事の内容や労働条件など、シニア労働者を活かすシステムがまだ模索状態にあることも判明しました。

4　ダイバーシティ雇用環境の実現に向けて

では暗黙の企業による選抜に唯々諾々と従うのではなく、自らの意志でサードエイジ期の就労に関して意思決定するにはどうしたらいいのでしょう。それには企業側と高齢者側の双方からの変化が必要でしょう。変革を目指した政府の最先端のいくつかの試みを紹介しながら考えていきたいと思います。

まず厚生労働省の二〇一六年度の高齢社会対策からみていきましょう。そこでは、「全員参加型社会の実現のための高齢者の雇用・就業対策の推進」として、方針と具体的な取り組みが挙げられています。転職に関しては、シニア転職希望者に対する支援と企業に対する支援が行われています。シニアに対しては、就労斡旋の仕組みの拡大、セミナーや講習会によるスキルアップ、企業に対しては、高年齢者雇用を促進するため助成金の支給や表彰、アドバイスを実施しています。政府は、人口減少社会の中で社会の活力を維持し、持続的な成長を実現するとともに高齢者が豊かな生活を送れるようにし、働く意欲のある人が年齢にかかわりなく活躍し続けられるようにと、生涯現役社会に向け、六五歳以上の人が働けるような社会の実現に向けて舵がとられた様子がひしひしと伝わってきます。

これらの施策は前年にまとめられた「生涯現役社会の実現に向けた雇用・就業環境の整備に関する検討会」の報告書（厚生労働省、二〇一五b）の内容がかなり反映されているようです。この報告書に生涯現役社会を実現するための高年齢者の雇用・就業環境の整備に関しての施策がわかりやすくまとめられているので、内容を簡単に紹介しましょう。そこでは大きく五つの方針が掲げられています。

①企業における六五歳以上高齢者の雇用が可能になるような環境整備。六五歳以上高齢者の雇用・継続雇用を促進するような企業に対する支援や、高年齢者の能力や活力を引き出せるような人事管理施策を検討し雇用環境を改善すること。

②高齢期になる前から自分の生涯のキャリアについての職業生活設計を行うための支援や能力開発の支援、職業能力開発のための時間が確保できるような仕組みを作ること。

③中高年齢者がキャリアチェンジを選択した場合の支援。再就職促進のための基本的な取組の強化や中高年の転職者を受け入れる企業側への支援。

④企業退職者に対して、地域における多様な雇用・就業機会の確保。

⑤シルバー人材センターの機能強化、センターの臨時的・短期的・軽易な業務、いわゆる「臨・短・軽」要件の緩和など、高年齢者の就業ニーズの変化や多様化に的確かつ迅速に対応できるようにすること。

このように、六五歳以上の人の就労を拒んでいる現在のシステムの問題点を改善するような具体的な施策が多く提案されています。その一部はすでに実現しており（例、雇用保険の六五歳以上への対象者の拡大）、政府のスピード感ある対応が期待されるところです。

高齢者就労については、前述のように高齢者自身や企業の態度や考え方を変えていくということが第一義的に重要ですが、マクロの視点から見た場合、人口構造の変化によりこれまでの社会システム、雇用システムではうまくいかなくなってしまった旧式のシステムを根本的に変革する、ということでなければ、せいぜい高齢化に伴うマイナスの影響を軽減する、ということにしかなりません。かつて「ジャパン・アズ・ナンバーワン」といわれた日本ですが、経済的な面ではかつての精彩はありません。しかし、この世界一の高齢国というしばらく揺るがない特徴を、抜本的な改革により強みに変えることができるとすれば、マイナスと思われていた点を大きなプラスとして活かすことができます。そしてそのような動きがすでに芽生えています。その動きを少し紹介しましょう。

超高齢社会に対する様々な対応

超高齢社会における福祉や介護・医療など切実な問題を扱っているのは厚生労働省ですが、他の官庁でも高齢化問題に伴う様々な問題への取り組みが始まっています。

厚生労働省以外の官公庁の取り組みの一例を紹介しましょう。高齢者就労に絡む話では、経済産業省も大きな関心を持っています。「活力あるビンテージ・ソサエティの実現に向けた取組に係る研究会」の報告書が二〇一六年三月に出されましたが（経済産業省、二〇一六）、その中で、高齢者周辺だけでなく、もっと大きな枠組みから捉えようとする提案と先駆的な実例が紹介されています。

この提案は、日本の超高齢社会を、高齢者に対する施策とか対応という限定された領域に注目するのではなく、高齢化の進行をチャンスとして捉え、それを契機にして、高齢者に限らずすべての人に住みやすい持続可能な社会にするにはどうしたらいいかを考える、というこれまで以上に広い視野を持っている、という点にユニークさと先進性があると思います。その主張を筆者なりにまとめてみると、一つには高齢者のみにフォーカスするのではなく、多世代交流という視点を持つこと、二つには定年後の就労だけではなく、生涯にわたるキャリアプランを想定している点、三つにはこれまで育児期、介護期、定年後というように分断されて対策が考えられてきましたが、選択の自由を持った働き方という観点から考え、人々が折々の必要性に応じて働き方を選ぶという、高齢期就労に限定せず、生涯にわたる働き方という視点を持つ点、四つには、柔軟な働き方を可能にする方策についての新たな提案、五つには先ほど現実的には容易でないという統計を紹介した起業ですが、身の丈に応じた無理のない起業の仕方の提案、という点にあると思います。

一番目の多世代交流という点では、シニア労働者と若い世代が会社内での役割を棲み分け、お互いに補いあってうまくいっている企業、シニアが若い世代の子育てを助けるNPO、学童保育で教科書では学べない「社会」をシニアが経験を活かして子どもたちに教えるソーシャル・ビジネス(3)、「一番暮らしたい街」を目指して高齢者や若い世代にわたる多世代の住民の創意工夫を活かしたまちづくりなどの例が紹介されています。老年学でも「世代間交流」というのは大きなテーマで、これまでも国内外で多くの研究者が様々なプログラムを実施し、その効果を報告していますが、そのほとんどは高齢者と幼児や小学校の低学年の子どもを対象にして、血のつながりのない祖父母と孫の関係を摸したものです。若者や、若い夫婦など「多世代」を対象にしたというものはほとんどありません。これからは、高齢者の

「祖父母役割」以外の能力に着目してそれを活用することで、シニアのみならず、他の世代にもメリットのある仕組みというものが、持続可能《サステイナブル》な社会を可能にしていくでしょう。例えば高齢者就労がこれからますます進むと考えられますが、企業内における若年就労者と高齢就労者が対立、あるいは互いに独自に仕事をするのでは、多世代がともに働く強みが活かせません。高齢者が、とかくコミュニケーションに問題があるといわれる若年労働者のメンターになり、社内外での人とのつきあい方やネットワークの広げ方を教える、若年労働者はICT(4)を活かした効率的な仕事のやり方を高齢就労者に教える、など双方を組み合わせて弱みを強みに変えていくような分業や協業のやり方を開発していく必要があるでしょう。

二番目のキャリアプランについては、日本では若者が企業に就職活動する際に、将来のキャリアプランを考える、あるいは、中高年になって出口が見えてきたときに定年後のキャリアプランを考えるという、キャリアの入り口と出口に関してのものがほとんどでした。少し前までは終身雇用が前提でしたから、キャリアプランといっても社内の中の話でしたし、終身雇用制度が崩壊したとはいえ、生涯にわたるキャリアプランを考えるということにはこれまでの日本人にはあまり馴染みがありませんでした。ですが、終身雇用制度が崩壊し、転職も珍しくなくなった今の時代では、働き始める前から引退に至る時期まで常に自分のキャリアを考えることが必要になってきました。

三番目は「働く」だけではなく「学ぶ」「遊ぶ」「休む」を自ら設計していく、というような意識改革が必要だということです。育児期や介護期などは仕事からは休む時期とする、第3章で紹介した大人になってからの学びを、例えば定年が見えてきた五〇歳代にスキルアップのために行う、あるいは引退後に人生を豊かにするために学び直しをする、という自らの意思決定を意味します。定年退職者が社会参加が難しいのは、現役時代仕事しかしてこなかったせいだと説明しましたが、キャリア発達や家族などプライベートの事情を勘案しながら「働く」以外の「学ぶ」「遊ぶ」「休む」を人生のどういう時期に選択していくのか、を自ら計画していくのです。そうすれば、仕事だけではない複層的な人生を歩むことができるでしょう。

四番目は、「働き方」の変革です。男女雇用均等法施行後、女性の社会進出は進みましたが、二〇一五年、いまだに日本はジェンダー・ギャップ指数(5)が一四四か国中一一一位という情けない状態です。その原因の一つと考えられるのが、働き方の問題です。門戸は開かれましたが、男性と同じようなプライベートで楽しむ余裕のない働き方を求められ、結婚し、さらに子どもを持てば、男性並みに働いたうえで、妻役割と母親役割を果たすことを当たり前とするような社会通念が変わらないのでは、たとえ機会を与えられても役職者になることをためらう女性も多くなってしまうのです。このような「働き方」に関する考え方が変わらなければ状況は変わりません。

柔軟な働き方に対する提案は多くなされており、例えばその一つがワークシェアリングです。これは働く時間を何人かでシェアするということで、フルタイム就労を望まず就労時間を短縮して働きたいという高齢者にも適う働き方です。しかし、現実には仕事の引継がうまくできないなどという理由で採用する企業はなかなか増えていません。

ワークシェアリングは時間をシェアするというやり方ですが、能力をシェアする、という「モザイク就労」という形も報告書で提案されています。これは複数の労働者（高齢者に限らず、若者も含めて）のスキル・時間・空間をクラウド上で合成し、バーチャルなフルタイムの労働力を合成するというものです。一人ずつでは不足する能力、例えば営業が得意な人もいれば、会計が得意な人もいる。あるいは月曜と火曜だけ都会で働き水曜からは地方で農業をしたい人と、週二日は好きな趣味をしたいけれど週一日だけ働きたい、といった人をクラウド上で組み合わせて、一人分の仮想労働者とする、ということです。

五番目はＩｏＴ(6)を活用して、ローコスト、ローリスクで行う「身の丈起業」です。例えば、お中元でそうめんを何箱もいただいてしまったという場合、これまでだったら、ご近所などにおすそ分けしていたと思います。それはそれで近所付き合いとしてはいいと思うのですが、これを今の技術をもってすれば、オンライン上で売って現金化することもできるのです。

このほかにもまだまだ面白い提案がこの報告書に述べられています。高齢者の経験や能力を活用して、としばしばいわれますが、現実的・具体的にどうしたらいいのかはなかなか浮かんできません。経済産業省のこの報告書ではそういう具体例が挙げられています。

しかし、ここでいわれているようなことは、才能のある人だからできることで、私にはそんな能力はない、としり込みする人も多いのではないでしょうか。そこで自分で気づかない才能や経験を気づかせてくれる、評価してくれる人や機関が必要になります。そのような試みの一つとして「セカンドライフ・コンシェルジュ」とでも呼ぶべきものが千葉県柏市の「高齢者の就労・社会参加促進事業」で試されています。柏市では、行政やNPO、大学、保健所、社会福祉協議会が「柏市セカンドライフネットワーク会議」というプラットフォームを形成し、シニアが市役所に相談に行くと、その人の経験や能力などを評価して、向きそうな仕事やボランティアを紹介してくれるという仕組みです。将来的には、企業やNPOが必要な人材を、シニアが自分の能力、就業可能時間、働ける地域などをアップすることで、クラウド上でマッチングを可能にしていきたい、としています（柏市、二〇一四）。

国からの助成金が豊富につぎ込まれている、産官民の連携がうまくいっているなど条件的に恵まれた限られた実例でしかないかもしれませんが、そこでの結果を分析してノウハウを蓄積していけば、海外にも輸出できるノウハウになる可能性があります。大勢の高齢者の存在というこれまでマイナスとしか考えてこられなかった弱点を強みに変えようとする点で斬新で、今後のさらなる展開が俟たれるところです。なにより、このような仕組みは高齢者にやさしいのみならず、誰にでもやさしい制度になるということが重要だと思います。敷かれたレールの上をたどるしかなかった人生から、自分の意志で選択する自由と可能性がある社会になるということは誰にとっても歓迎される状態でしょう。

このほかにも、地方自治体でも高齢社会に対して積極的に取り組んでいるところがあります。

例えば次の二〇二〇年の東京オリンピック開催に向けて国民の関心が高まっていますが、世界規模の関西ワールドマスターズ・ゲームズが二〇二一年、アジア諸国で初めて日本で開催されます。このスポーツ大会は三〇歳以上ならば誰でもそのレベルに応じて参加できるという特徴を持ち、中高年へのスポーツ振興にだけでなく、観光にも大きな効果が期待されています。関西の二府五県が結集する関西広域連合と経済界、スポーツ団体と大学研究者が設立準備委員会を結成し、大会開催にむけて準備が始まっています。これは地方自治体が府県をまたがって連合し、成人のスポーツ振興とイベント開催による観光産業などの活性化に取り組んでいるという点でも珍しいイベントになっています。

第3章で紹介した生涯学習の活用ということももっと考えられるべきだと思います。元来行政が開催してきたシニア向け講座は、シニア市民を育てる、つまり、地域の支え手の育成ということに主眼がありましたが、現在では、市民の教養を高めるという内容の講座が増加し、「シニア市民」を育成することに必ずしも成功していません。

成功している例としては千葉県佐倉市の「佐倉市民カレッジ」が挙げられるでしょう。このカレッジは大学と同じように四年間の課程で、三年生に進学する際に「あったか福祉コース」「ふるさと歴史コース」「さわやか情報コース」「ゆっくり元気コース」を選択します。その学びの中で、自分の住む地域の状況や問題、歴史を理解し、地域の友人を作っていきます。その過程で自然に地域のためになるような活動をする機会を得て、ボランティアとして育っていく人も大勢います。このカレッジは大人気で、毎年抽選になるそうですが、このような仕組みをうまくまねて、地域の問題に資するような人材を育てていくことが必要です。

規模や期間は違うとはいえ、このような講座が多くあるのに、なかなか地域の担い手が育たない理由の一つは、ボランティアの無償性にあると思います。第1章で示したように、これからのシニアは生活のために働き続けるという動機がますます高まっていくと予想されます。そのような時に無償のボランティア活動にはなかなか関心が持ちにくい。ですから、地域や社会の担い手になってほしいと思えば、なにがしかの経済的報酬があるようなNPO、あるいは社会的企業[7]というシステムが魅力的ではないかと思います。経済産業省では、二〇〇八年から「ソーシャルビジネス研究会」を設置するなど取り組みを進めていますが、日本においては萌芽期の段階にあり、まだ実例は多くありません。経験とノウハウを持ったシニアがこのような組織を立ち上げ、社会問題の解決に寄与しながら収益を上げ、社会を支えるだけでなく、自分たちの経済的基盤も安定させるという新たな就労の領域に挑戦していってほしいと思います。

5　市民参加で地域を支える

これまで高齢者就労について取り上げました。高年齢者雇用安定法の改正に伴い、それはいまだ変革の途上にあります。しかし、何といってもシニアが期待されているのは、地域社会の担い手としての役割ではないでしょうか。第2章で指摘したように、シニアになってからは、ビジネスのキャリアだけでなく市民としての役割を同時に持つことが、社会からみても、緩やかな引退への移行という本人のためにも、メリットがあると考えられます。地域のことにみんなが無関心なのに、自分一人で何かできるものでもないと、たとえ関心があっても億劫になったり、無力感にとらわれたりすることも時にはあるでしょう。しかし、一人の思いと行動で、国全体を変えるのは無理としても、身近な地域は変え得るのだ、という例をご紹介しましょう。

一例目は、今のように六五歳までの継続雇用が一般的になる前の話です。Ａさんは六〇歳の定年を前に、その後どういう人生を歩むか考えました。彼が望めば会社にとどまることもできたそうですが、それまでと違って生きがいになるような働き方はできない。六〇歳なら頑張ればこれからもう一花咲かせられる、ときっぱり引退を決意しました。しかし、一人では何もできないから、仲間を募ろうと思ったのです。しかし、サラリーマンだった彼には地域の知り合いはいませんでした。そこで駅で定年退職者のためのグループを一緒に立ち上げましょうという勧誘のチラシを配ったりして頑張りました。

社会参加など何もしたことがないサラリーマンがいきなりボランティアなど社会貢献をするには無理があると考え、まずはシニアが集うグループを立ち上げました。いわゆる「地域デビュー」をするための、退職シニアの受け皿となるグループです。その活動の中で徐々に地域に対する関心を高め、気軽にできるボランティア活動に誘ったりして、ＮＰＯも立ち上げる、という形で活動を拡大させていきました。彼の設立した組織は二五年たった今でも活発に活動しています。

一例目は東京の例でしたが、二例目は神戸の例です。神戸市は、瀬戸内海沿いに広がるわずかな平地に都市機能が集中し、六甲山沿いに閑静な住宅街が広がっています。その多くは昭和四〇年代に開発されたニュータウン、いわゆる「オールド・ニュータウン」で、現在急速な高齢化が進んでいます。山腹の斜面は時にかなり急であり、曲がりくねった細い道は、普通の市バスの大きさのバスは通行不能であったり、本数が少なかったり、日常の足としては不十分なエリアも多くなっています。自家用車で通勤・通学したり、買い物に行ったりできるうちは特に問題はないのですが、年をとって自家用車の運転が難しくなった時に、出かけたくても思うように出かけることができない、という問題に直面します。

このようなオールド・ニュータウンに住む二人のシニア男性が、子どもの世帯が家を離れてしまうと、人口は減少し、高齢化はますます進行して活気のない街になってしまう、近い将来のそういう問題を心配してまちづくり協議会に参加しました。そこで知り合ったシニア男性数人が、まずは近所の人たちの交流を図って、活動を始め、「デザインクリエイティブセンター神戸」の「オールドタウン化を考えるクリエイティブゼミナール」に参加しそのサポートを受けて、地域住民の交流の仕組みを考案しました。例えば、どこか遠くの山や川に出かけるのではなく、自分たちの住む街の中にある公園で子どもとキャンプをしたりするなど、若い世代に喜ばれるイベントを開催する。また、ペットの散歩をする人が多いことに注目して、子どもの代わりにペットを人々のつながりのよすがにし、声を掛け合ったり、危険がないか留意するなどという「防犯ワンちゃんパトロール隊」を結成したりするなど、多世代の交流を目指した活動を行っています。

彼らの例は、自分の住む地域を自分の考えや行動で住みよい街に変えることができるという好例でしょう。経験や知識、スキルの豊富なシニアならば、誰でも地域で活躍できる人材となり得る可能性を示しています。

個人で地域にかかわることも十分可能ですが、この二例とも最初は個人の思いから始まったものの、一人でできることは限りがあるので、賛同してくれる人を徐々に巻き込み、活動を拡大させていました。そのような地域のために活動するグループ、団体としてはＮＰＯをシニアが活躍する場の候補として次に取り上げたいと思います。

6　サードエイジとＮＰＯ

ＮＰＯ法人とは正式には特定非営利活動法人といい、二〇一六年度末で、五万一五〇〇を超える認証ＮＰＯ法人が活動しています。保健、医療、福祉、社会教育、まちづくりなど二〇種類の分野に該当する活動があり、不特定かつ多数のものの利益に寄与することを目的としています。その六割が「保健・医療・福祉」、ついで「社会教育」や「まちづくり」が四割～五割という活動分布になっています。

一九九八年に特定非営利活動促進法が施行されて以来、すでに二〇年近くが経過し、ずいぶんとＮＰＯ法人の組織や活動内容も変わってきたようです。ＮＰＯという言葉を聞いたことがある人がほとんどだと思いますが、シニアの活躍の場といわれても実態をよく知る人は少ないのではないでしょうか。労働政策研究・研修機構（二〇一五）の調査報告書からＮＰＯの活動の実態と、そこにおけるシニアの活躍の様子を簡単にみてみましょう

まず組織の側面に着目しましょう。ＮＰＯは組織として運営していく事務のスタッフと、ボランティアの人で成り立っています。図４－８は、ＮＰＯの活動にかかわる人たちの種類について示したもので

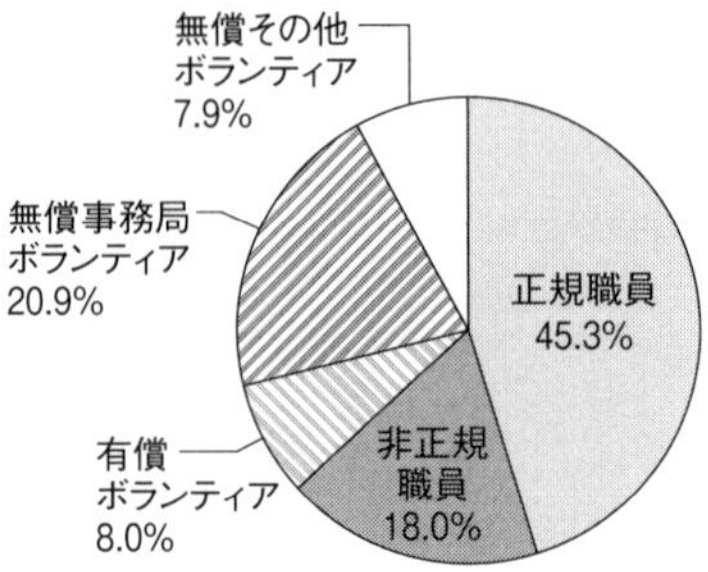

図 4–8　NPO で働く人の活動の状況
（労働政策研究・研修機構，2015 より作成）

す。職員が六割強、ボランティアが四割弱になっています。職員は「正規職員」（フルタイムで働く人）、「非正規職員」（パート、アルバイト、契約社員、派遣社員等）、ボランティアは「有償ボランティア」と「無償ボランティア」に分かれます。「有償ボランティア」は給与ではないが、必要経費、謝金などの支給を受けている者、「無償事務局ボランティア」は主に事務局業務を担うボランティア、「無償その他ボランティア」は事務局業務以外の活動を行うボランティアです。

最近は二つの名刺を持つサラリーマンも多いといいますが、NPOで働く人はどうでしょうか。NPOでのみ働いている人は約半数です（図4－9）。二〇歳代では六〇パーセント。年代が上がるにつれ減少し、五〇歳代で三五パーセントまで下がりますが、その後また増えて七〇歳以上で四七パーセントになります。全体では三九パーセントは本業の仕事があり、そのほかの第二の仕事としてNPOにかかわっています。

NPOではどのような年代の人が多くかかわっているのでしょうか。まず、退職シニアに着目してみましょう。定年退職経験者

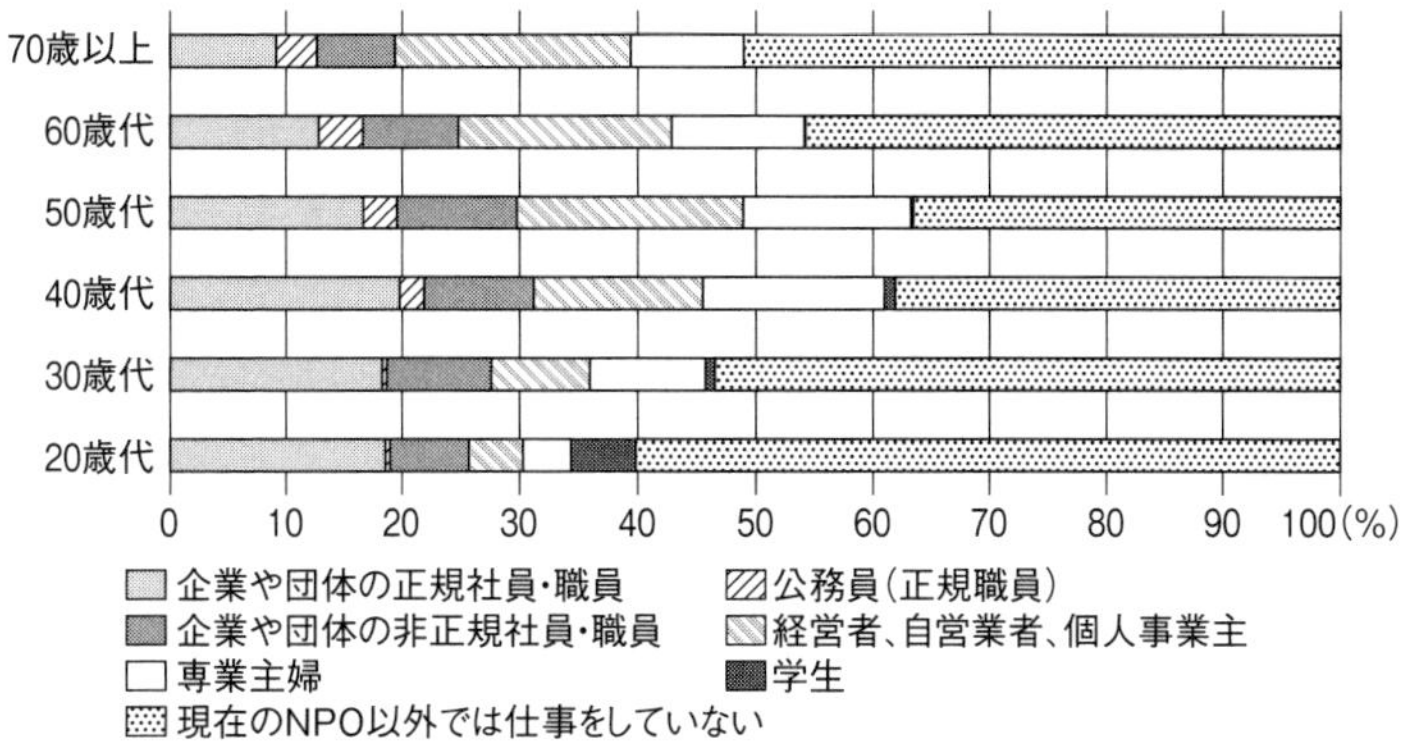

図 4-9　NPO 以外での現在の職業（労働政策研究・研修機構，2015 より作成）

がいるＮＰＯは全体で二九パーセントで、活動形態別に示したのが図４－10です。定年退職者はボランティアとして参加している人が多くなっています。

図４－11は活動形態別に年代をみたものです。職員は二〇歳代から七〇歳以上まで、幅広い年齢層が働いています。六〇歳以上の人も正規職員で二七パーセント・非正規職員で三一パーセントいます。これに対し、ボランティアは六〇パーセントが六〇歳代以上で占められています。ＮＰＯはシニアのボランティアが支えている、といっても過言ではないでしょう。

彼らはいつからＮＰＯの活動にかかわっているのでしょうか。女性では四〇歳代に始めた人が三一パーセント、男性では四〇歳代が一六パーセント、五〇歳代が二六パーセントでした。女性の場合は六〇歳以降に始めた人は九パーセントですが、男性の場合は、六〇歳を過ぎて始めた人も三〇パーセントいます。

このような実態を反映し、定年退職者の受け入れに対して

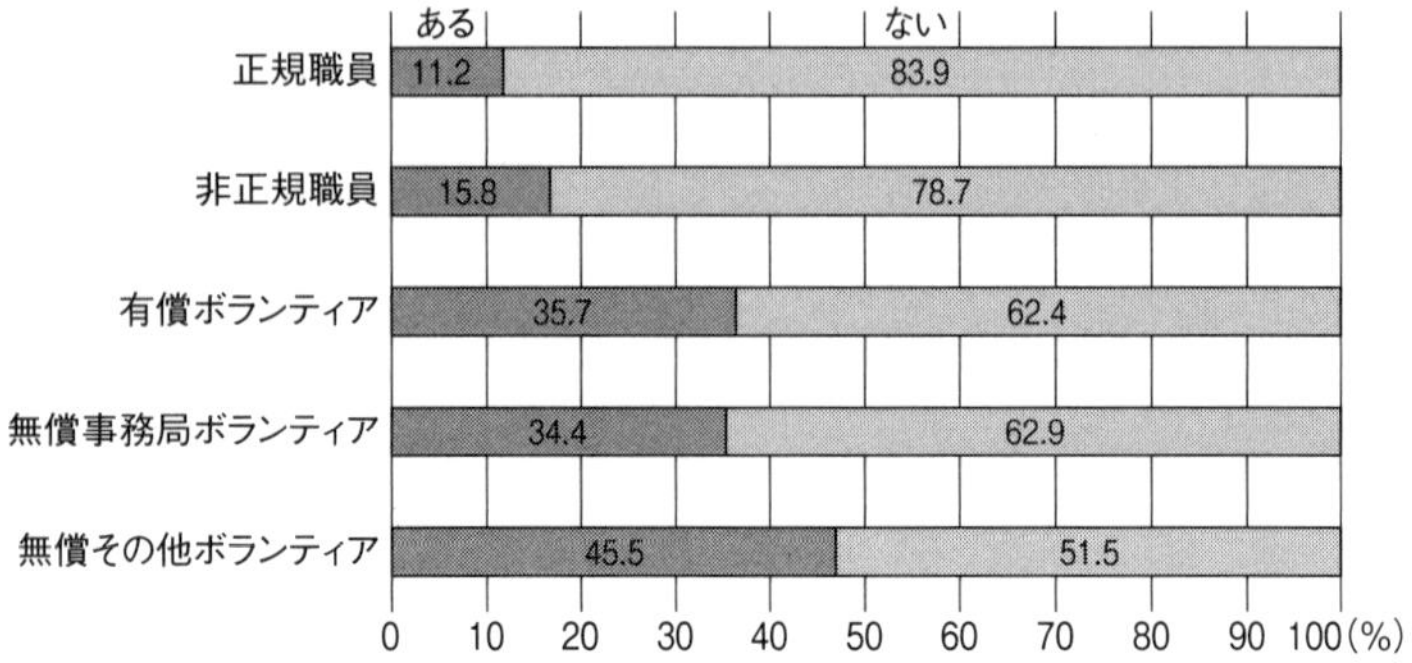

図 4-10　NPO の活動形態別にみた定年退職経験の有無（労働政策研究・研修機構，2015 より作成）

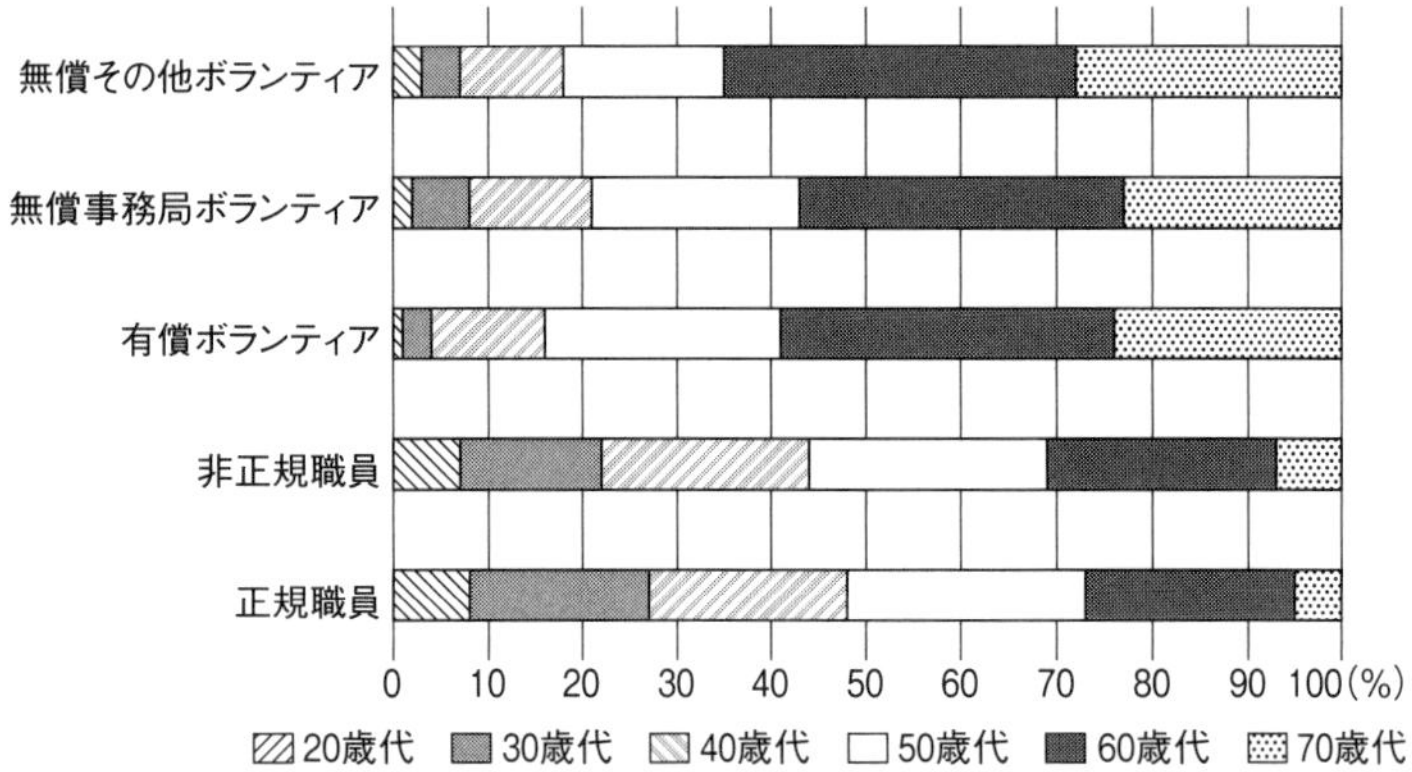

図 4-11　NPO の活動形態別にみた年代（労働政策研究・研修機構，2015 より作成）

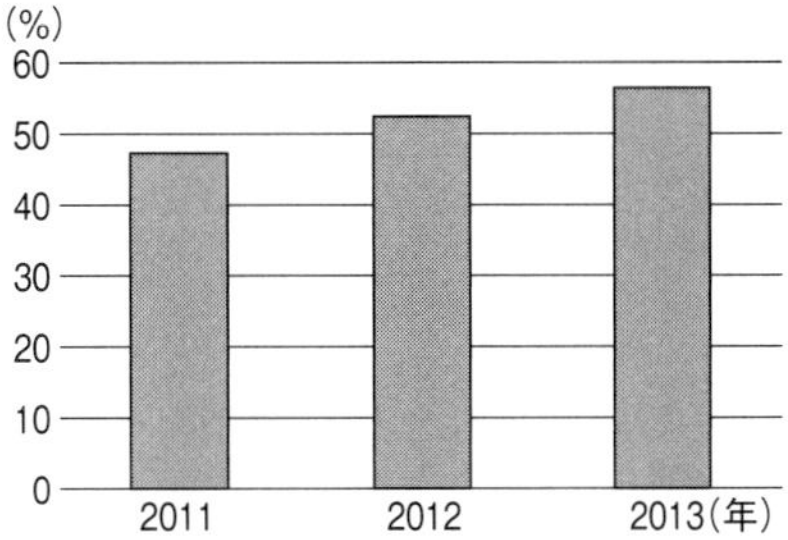

図 4-12　NPO 職員の採用割合の推移（労働政策研究・研修機構，2015 より作成）

は「積極的である」ＮＰＯが一五パーセント、「あまり積極的でない」のは一四パーセント、残り六七パーセントは「定年退職者であるかどうかは気にしない」という回答で、会社とは違ってＮＰＯは年齢を気にせず、人物本位である様子がうかがわれます。

ＮＰＯの労働環境

ここまでＮＰＯにかかわる人たちの全体の構成についてみてきました。サードエイジの選択として、それまでの会社で継続雇用するか、それ以外の場所を探そうか、と考えた場合に、会社以外の就職先としてＮＰＯへの就職という選択肢もあるはずです。その際、有給職員についての状況が参考になるでしょう。

図４－12はＮＰＯで二〇一一年度から二〇一三年度の三年間の有給職員の採用者の有無についての割合を示したグラフです。この三年間でも採用があったと答えた割合が一割増加しています。二〇一三年は平均してＮＰＯ一法人あたり三人強の採用人数となっており、採用に積極的になっている様子がよみとれます。

図４－13はＮＰＯの正規・非正規職員別に職に就いたきっかけを

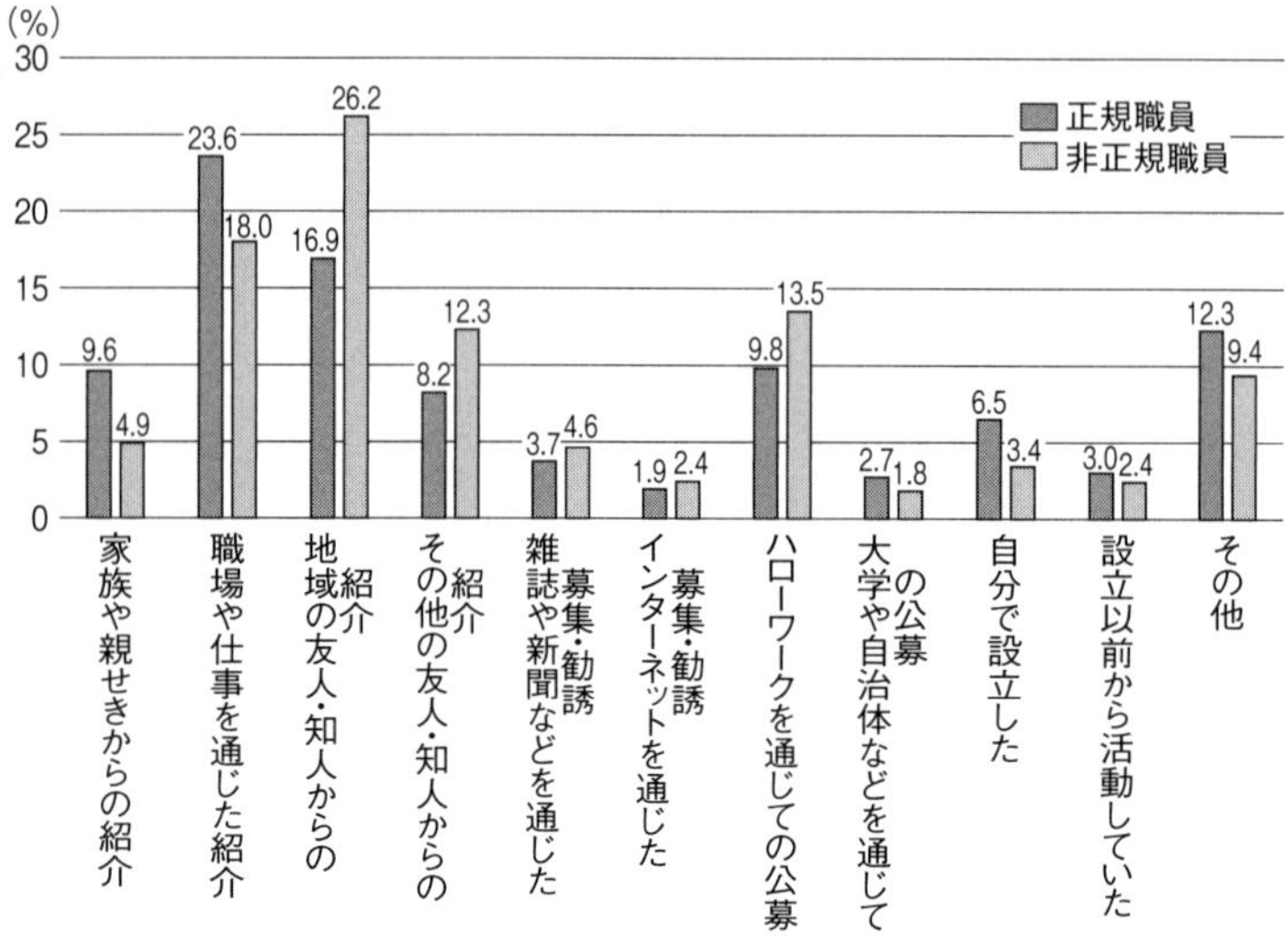

図 4-13　NPO 活動のきっかけ　（労働政策研究・研修機構, 2015 より作成）

示しています。正規職員では「職場や仕事を通じた紹介」が二四パーセントと最も多く、二位に「地域の友人・知人からの紹介」、ついで「ハローワークを通じての公募」となっています。非正規職員では「地域の友人・知人からの紹介」が二六パーセント、ついで「職場や仕事を通じた紹介」、三番目が「ハローワークを通じての公募」です。二〇〇五年に実施した調査結果と比べると、「その他の友人・知人からの紹介」と「ハローワークを通じての公募」が逆転しており、ハローワークの役割が大きくなってきています。

処遇についてはどうでしょうか。図4-14は正規職員の賃金の様子を二〇〇三年と二〇一三年の推移、およびそれぞれの年での賃金センサスと比較したものです。労働政策研究・研修機構実施の調査ではNPOで働く正規職員のうち、年間給与額が「平均的な人」「高い人」「低い人」の三つに

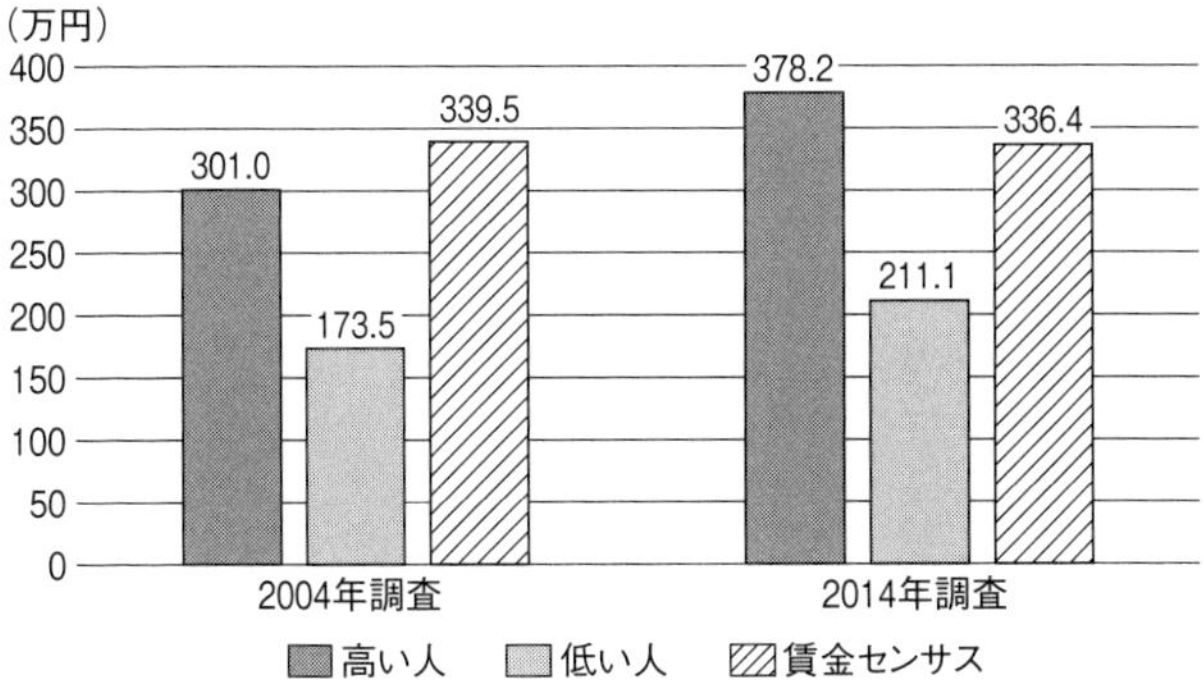

図 4-14　NPO 正規職員の年間給与額（労働政策研究・研修機構, 2015 より作成）

労働政策研究・研修機構の調査は 2004 年と 2014 年に実施されており，前年度の給与について質問しているため，賃金センサス（厚生労働省が実施している「賃金構造基本統計調査」）は 2003 年，2013 年の数値を用いている。

分類しており、そのうち、「高い人」「低い人」について比較しています。

「高い人」も「低い人」もそれぞれこの一〇年で八〇万円弱、四〇万円弱上昇しており、若干低下した賃金センサスとは逆の傾向です。

図4-15は非正規職員の時給額についてみたものです。やはり「高い人」も「低い人」も上昇しています。「低い人」は賃金センサスとの差が一〇年間で一五円ほど縮まっています。

次に職業訓練はどうでしょうか。有給職員で職業訓練を「特に受けたことはない」人は平均二七パーセント。六〇歳以上では三一パーセントで、シニアだからといって特にその割合が高いわけではありません（図4-16）。これに対して企業がシニア労働者に対してはほとんど研修を行っていません（鹿生・大木・藤波、二〇一六）。シニアに対して他の年代と差別なく処遇しているNPOが多い様子がここから

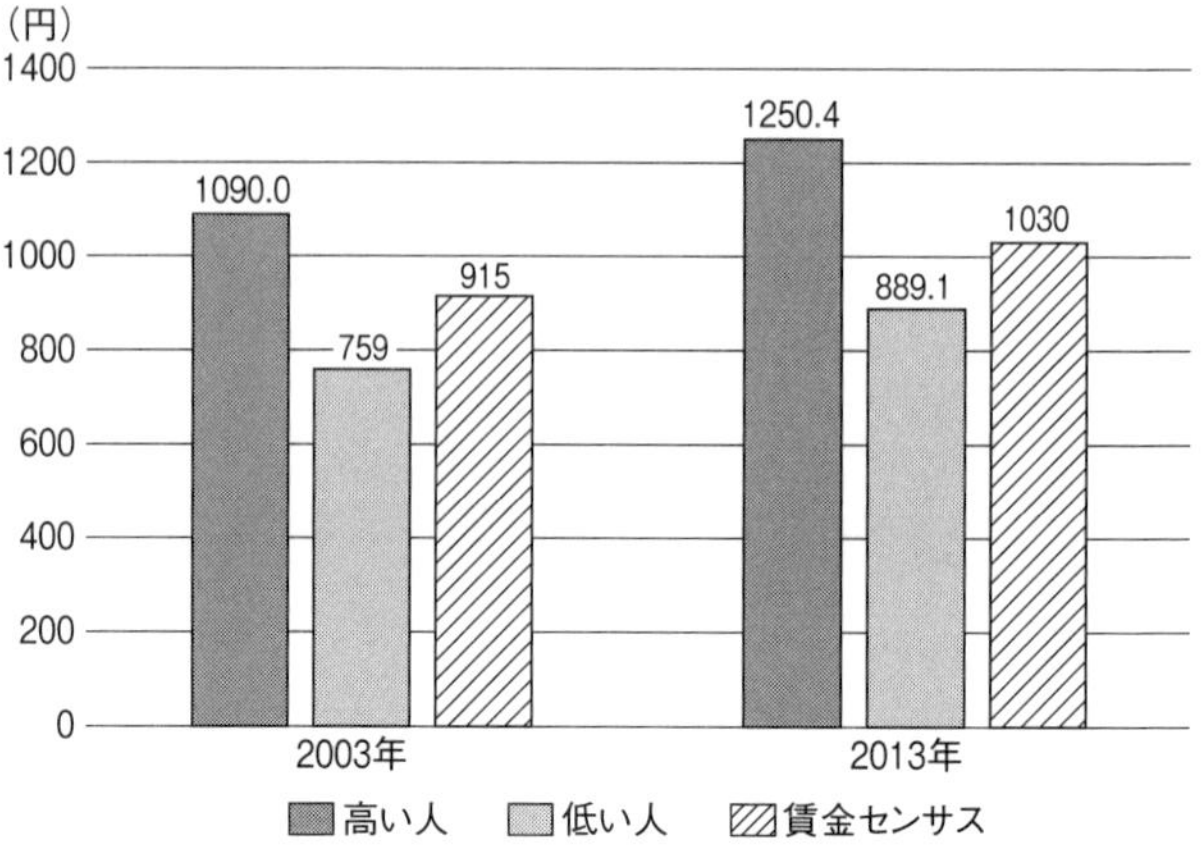

図 4-15　NPO 非正規職員の時給額（労働政策研究・研修機構，2015 より作成）

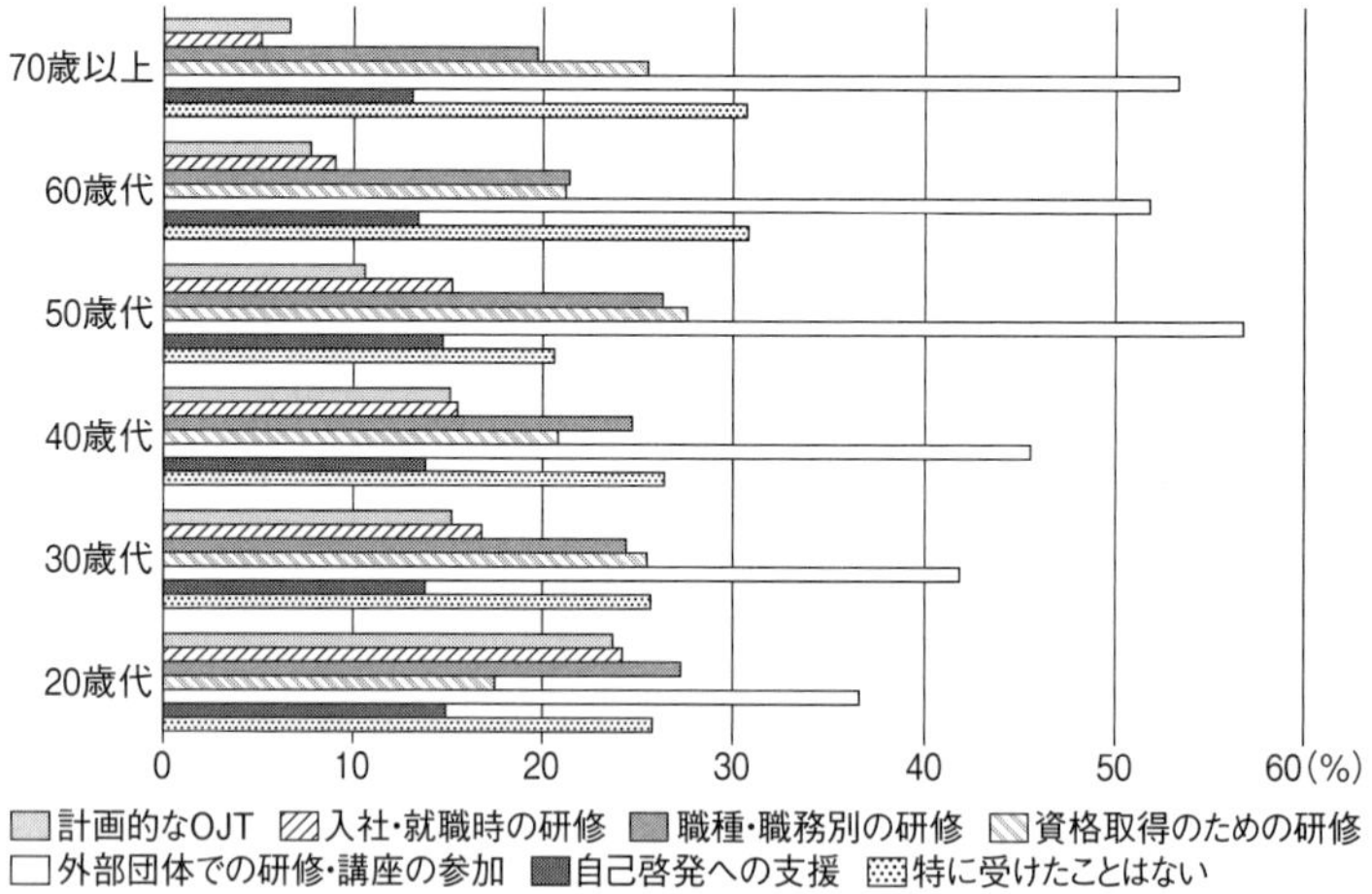

図 4-16　NPO 有給職員の職業訓練　（労働政策研究・研修機構，2015 より作成）

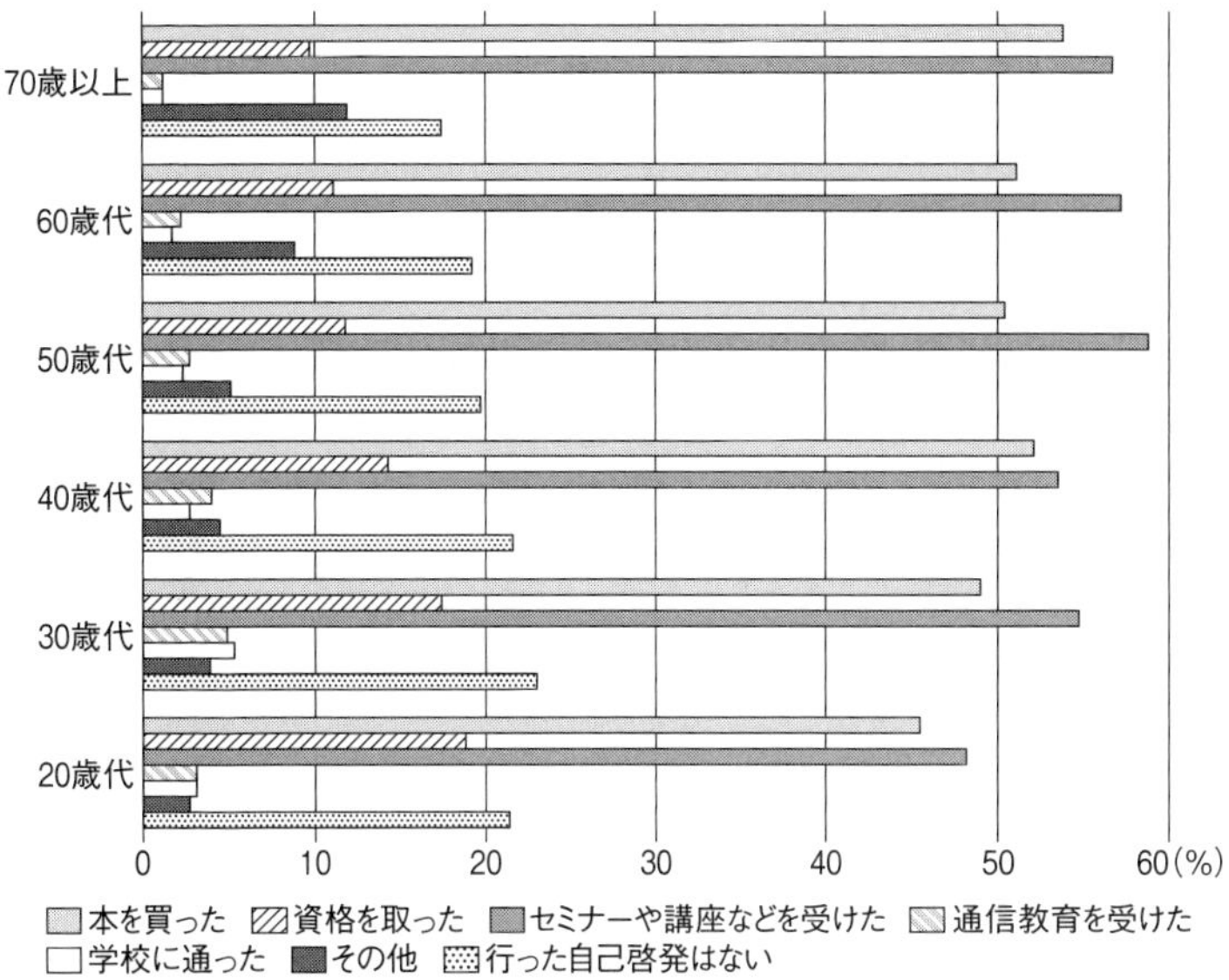

図 4–17　NPO 活動者（職員とボランティア全て）の自己啓発（労働政策研究・研修機構，2015 より作成）

も読み取れます。

ＮＰＯで働く人は教育を与えられているだけではありません。自らも積極的に自己啓発に努めています（図４－17）。どの年代でも自己啓発を行っていない人は二割程度で、八割の人は、セミナーや講習を受ける、本を読むなど熱心に自己啓発を行っています。

このような職業訓練や自己啓発、活動への参加を通して、職業能力が高まったと感じている人が年代を通じて多くなっています（図４－18）。シニアになっても自分の能力が向上すると感じられることは素晴らしい経験に違いありません。

最後に処遇に対する満足度を見てみると、正規職員も非正規職員もあまり変わらず、六割以上の人が満足しています。

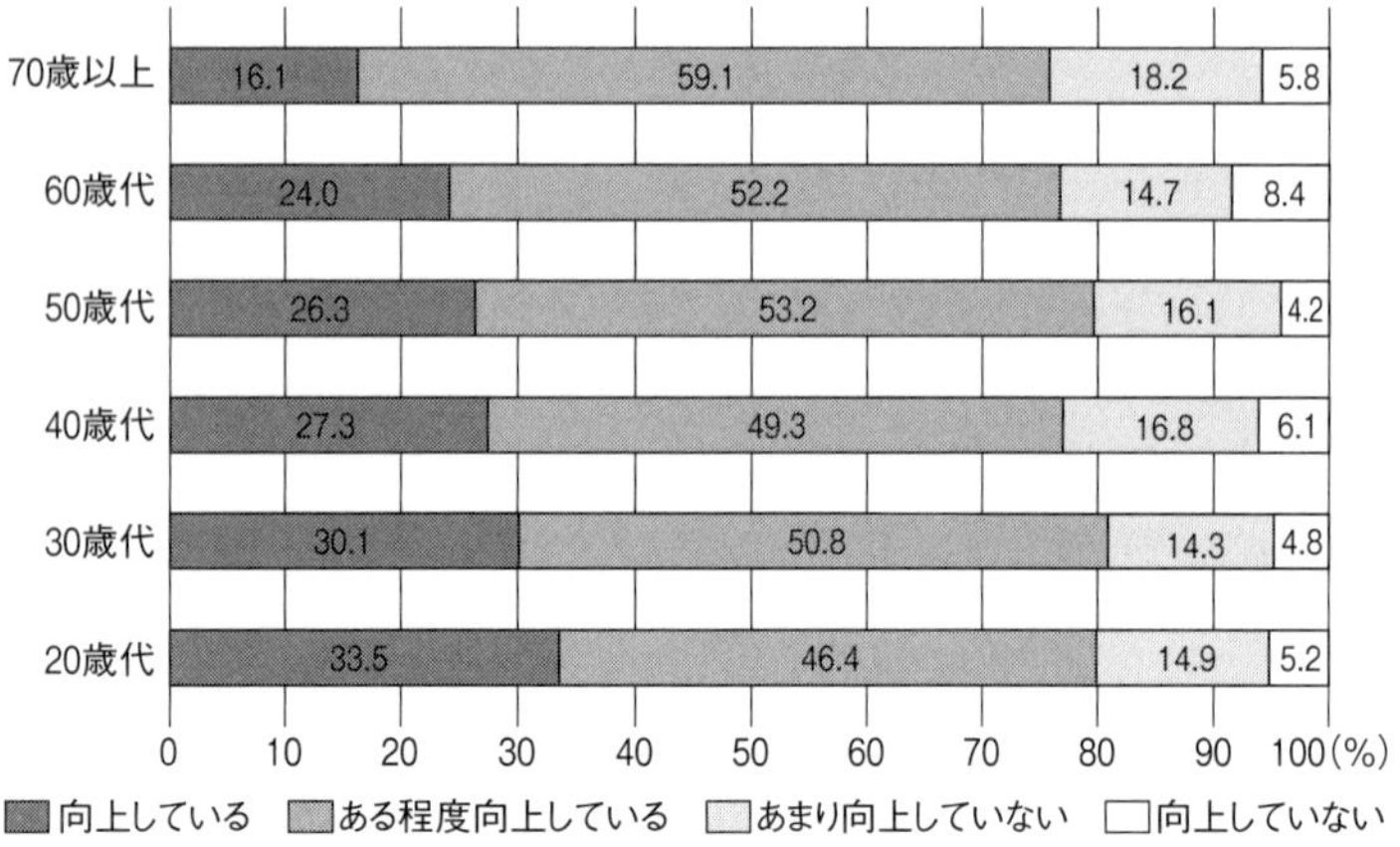

図 4-18　NPO 職員の職業能力の向上（労働政策研究・研修機構，2015 より作成）

ＮＰＯ法人制度が始まって徐々に働く人に対する処遇は改善し、満足して働いている人が多い様子がわかります。

ＮＰＯの働き甲斐

今度はボランティアを含めてＮＰＯにかかわる人たち全て（ＮＰＯ活動者）についてみていきましょう。図４－19は活動に参加した動機をみたものです。職員であるかボランティアであるかにかかわらず、最も多い動機は「人の役に立ち、社会や地域に貢献するため」、ついで「ＮＰＯ法人の理念や活動目的に共感したため」、「自分の経験や能力を生かすため」と続きます。

年代でみても全体的な傾向は変わりませんが、年代が上になるほど、「人の役に立ち、社会や地域に貢献するため」、ついで「ＮＰＯ法人の理念や活動目的に共感したため」という二つの動機は強くなっています。

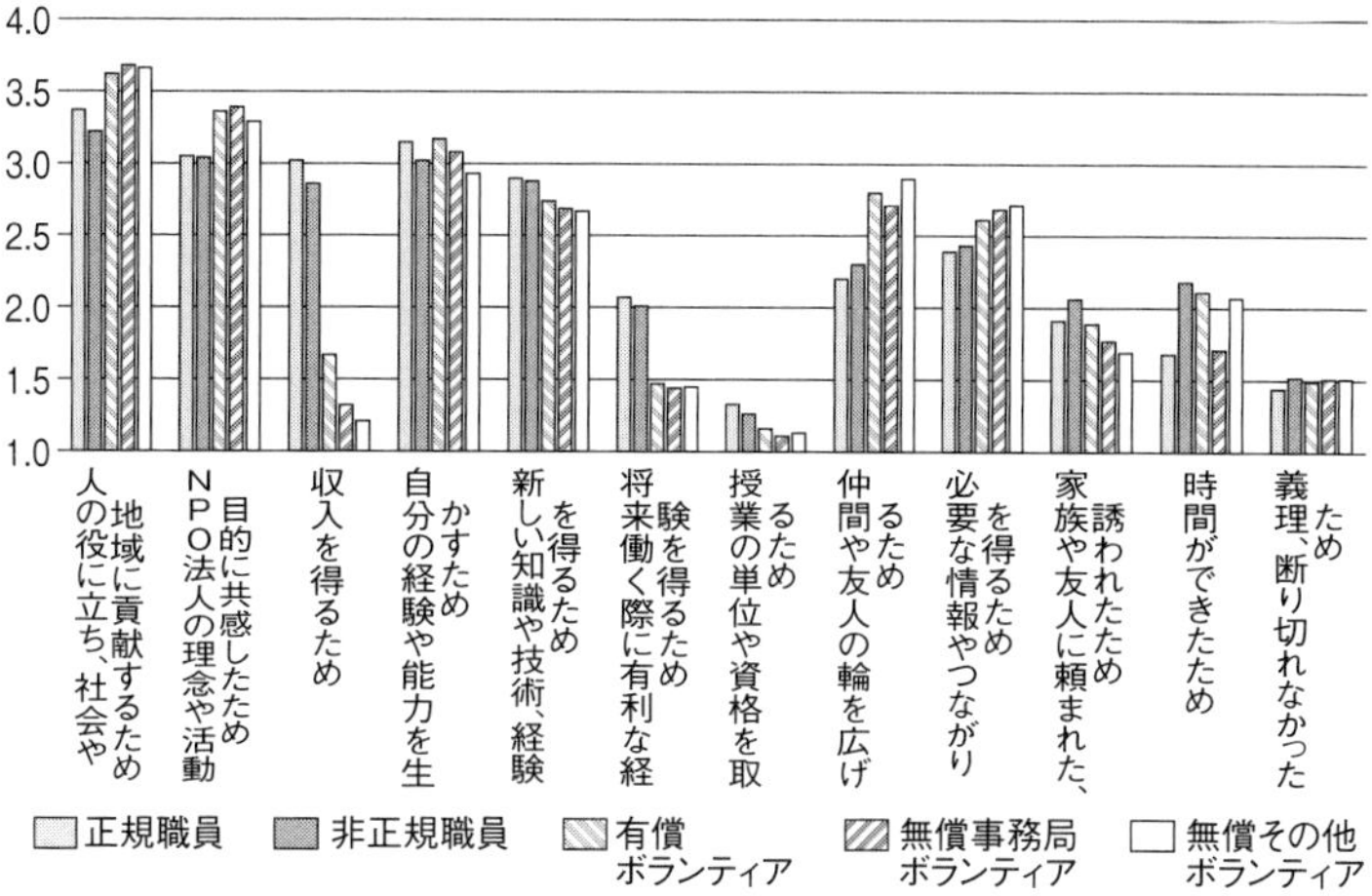

図 4-19　NPO の活動形態別にみた活動動機（労働政策研究・研修機構，2015 より作成）

それぞれについて「あてはまる」「ややあてはまる」「あまりあてはまらない」「あてはまらない」をそれぞれ 4〜1 点とし，平均点を算出したもの

では、このような活動動機をもってＮＰＯに参加して、その動機は満たされたのでしょうか。図４-20にその結果が示されています。年代にかかわらず、「人の役に立ち、社会や地域に貢献できている」という実感を得られているようです。それ以外にも自分の経験や能力を生かす場を得られた、人とのつながりが築くことができたなど、働き甲斐を感じている様子が読み取れます。

そのような働き甲斐は当然満足度にもつながります。図４-21からは、年代を通じて高い満足度を感じていることがわかりますが、満足度は年齢が高くなるほど高いものになっています。職員でもボランティアでも満足度はほとんど変わりませんでした。

このように、有給で働く場として企業に伍して考慮する対象となれるような労働環境が

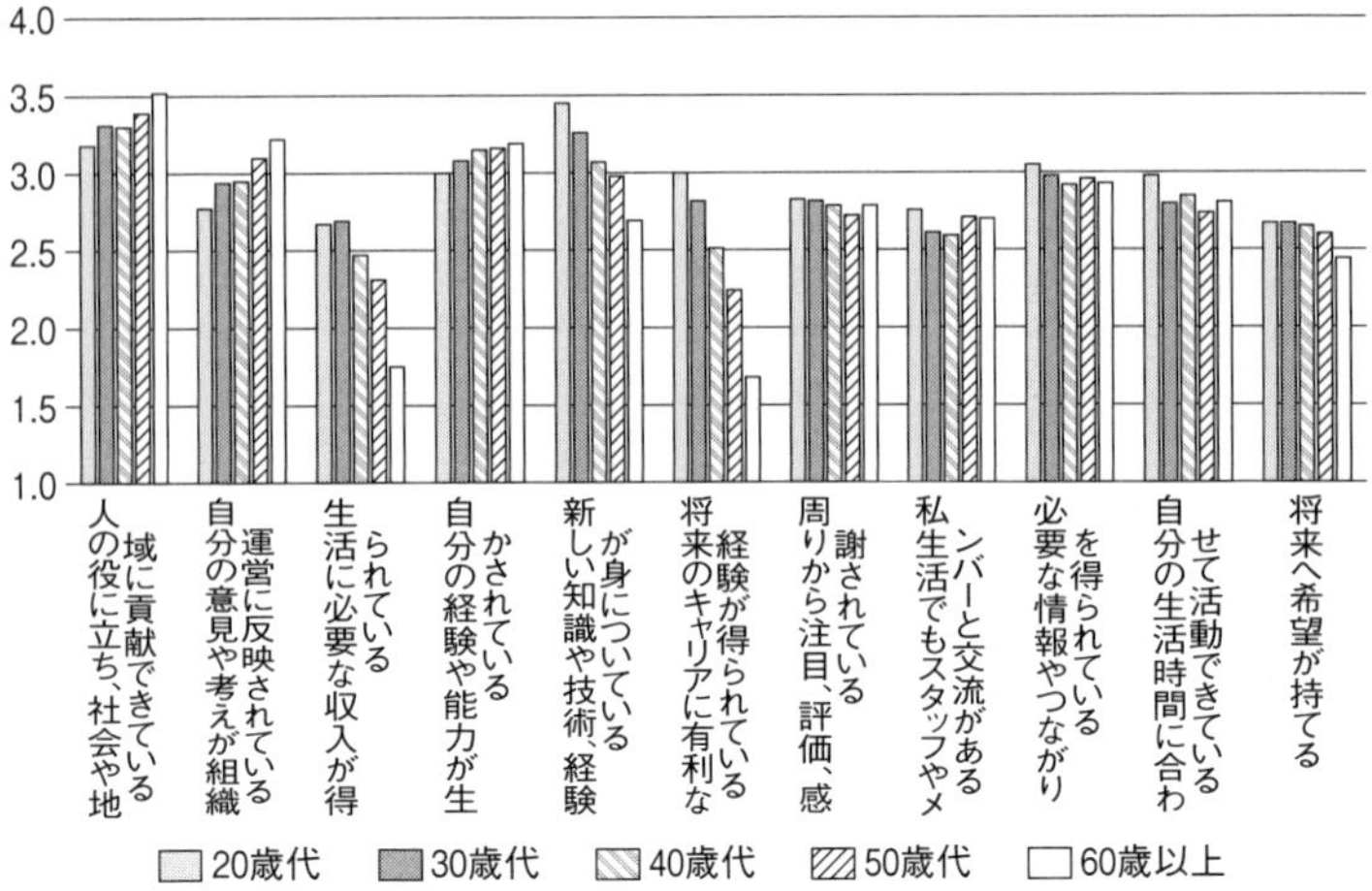

図 4–20　NPO 活動者の年代別にみた活動を通じて得られたもの（労働政策研究・研修機構，2015 より作成）
それぞれについて「あてはまる」「ややあてはまる」「あまりあてはまらない」「あてはまらない」をそれぞれ 4〜1 点とし，平均点を算出したもの

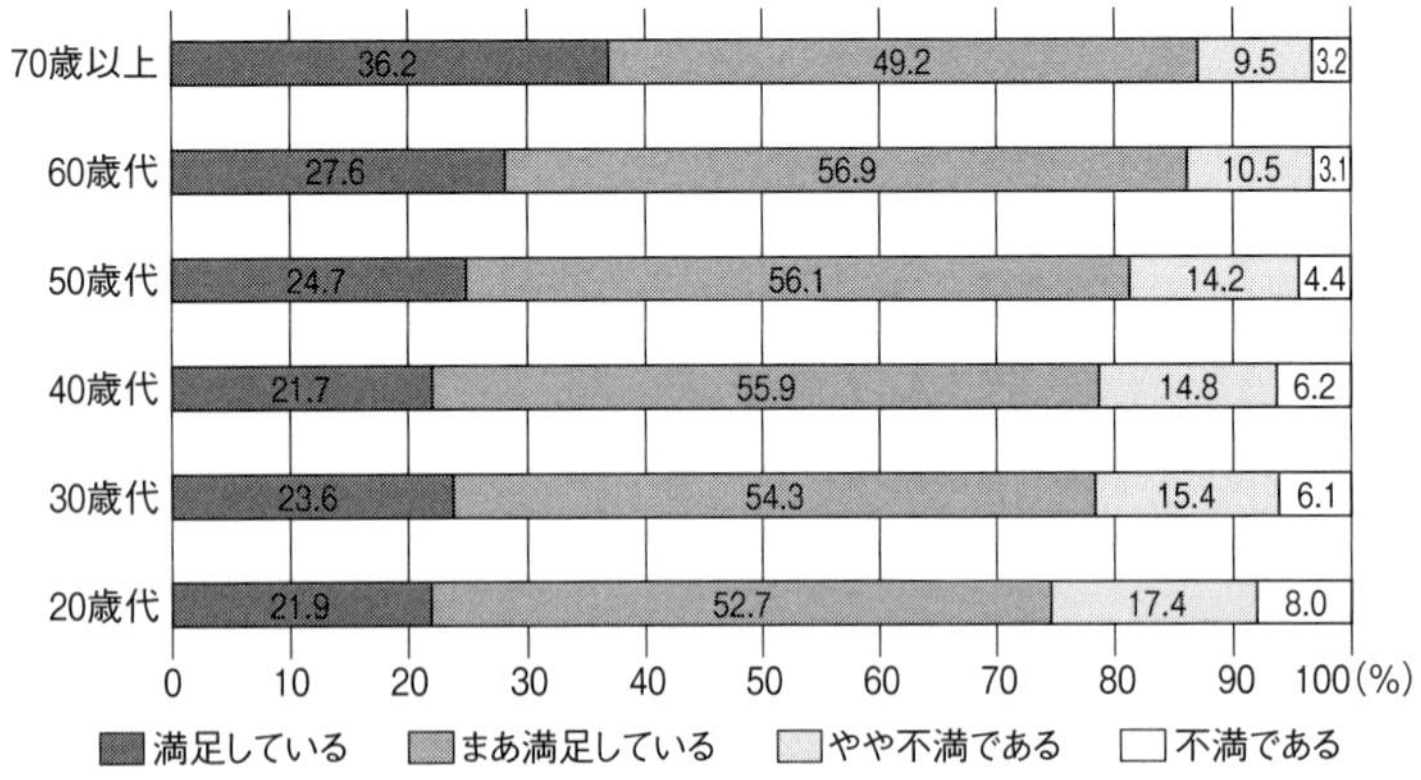

図 4–21　現在の NPO での活動に対する満足度（労働政策研究・研修機構，2015 より作成）

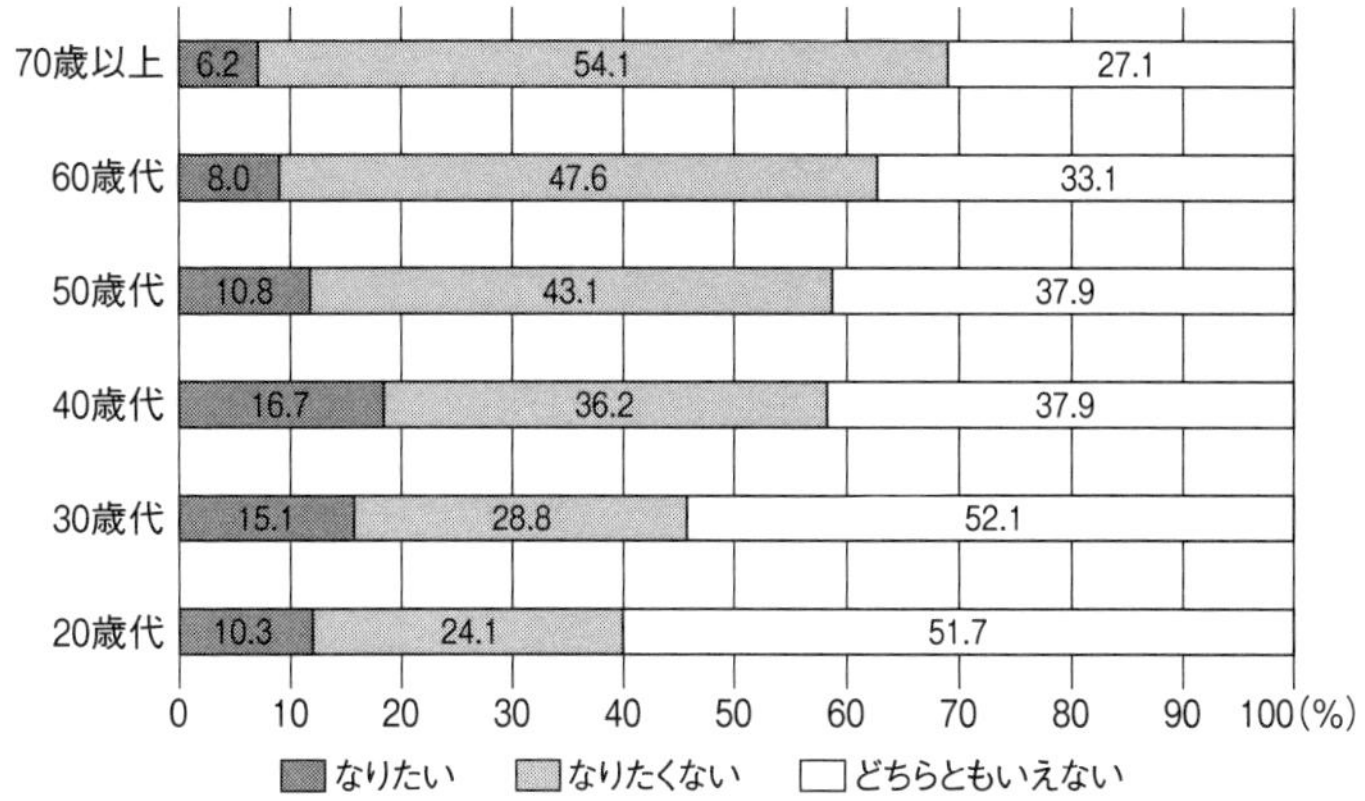

図 4-22　ボランティアの有給職員への転換希望（労働政策研究・研修機構，2015 より作成）

整いつつあるようです。会社でみられるようなシニアに対しての年齢差別もみられない。さらにＮＰＯでは、会社ではなかなか得られない、社会や地域に貢献するという高い満足感が得られるのです。それはお金に換えることのできない高い働き甲斐、生きがいの源泉となり得るようです。

その傍証として図４－22をみてください。有給職員になりたいと思っているボランティアはシニアでは一割にも満たないのです。お金に換えられない活動に対する満足感があるからではないでしょうか。

ＮＰＯにおけるシニアの所得のデータがあれば、企業への就労との比較がストレートにできるのですが、あいにく、年代ごとの所得の実態は明らかになっていないので、そのような比較はできませんでした。ですから、ＮＰＯで働くことの経済的な満足度についてはわかりませんが、少なくとも働くこと、活動をすることへの満足度は高いという実態がみえてきました。

表 4-1　保持している資格　（労働政策研究・研修機構，2015 より作成）

	1位	2位	3位	4位	5位	資格なし
全体	普通自動車免許	ホームヘルパー	簿記資格	教員免許	介護福祉士	
（%）	64.9	17.5	13.9	12.1	9.8	9
70歳代	普通自動車免許	教員免許	簿記資格	ホームヘルパー	大型・特殊自動車免許	
（%）	62.1	13.0	12.8	10.3	6.5	11.7
60歳代	普通自動車免許	ホームヘルパー	教員免許	簿記資格	大型・特殊自動車免許	
（%）	65.0	15.1	12.2	11.2	6.9	10.8
50歳代	普通自動車免許	ホームヘルパー	簿記資格	教員免許	介護福祉士	
（%）	67.8	20.9	16.5	14.9	13.6	8.1

このように会社とは違う魅力を持ったNPOですが、NPOに就職するのに有利な資格はあるのでしょうか。表4-1は中高年でNPOにかかわっている人たち（ボランティアを含めて）が現在持っている資格の上位五位までを挙げたものです。運転免許や簿記といった資格にくわえて、福祉系のNPOの数が多いことを反映して、ホームヘルパー、介護福祉士の資格を持つ人が多いようです。

これに対して、実際に役に立ったとされる資格上位一〇位までが表4-2に挙げられています。もしNPOに興味を持つようなら、こんな資格の取得を心がけてはいかがでしょうか。二位以下は特別な勉強をしないと得られない資格ですが、一番役に立ったのは運転免許なので、多くの人が持っている資格がNPOでの仕事に活かせることがわかります。

表 4-2　保持していて役に立った資格（%）
（労働政策研究・研修機構，2015 より作成）

1 位	普通自動車免許	21.2
2 位	介護福祉士	8.7
3 位	簿記資格	7.8
4 位	ホームヘルパー	6.4
5 位	パソコン関連資格	5.7
6 位	教員免許	3.5
7 位	保育士・幼稚園教諭	2.8
8 位	社会福祉士	2.7
9 位	看護師	2.1
10 位	その他（介護支援専門員）	2.0

ボランティア・グループ

地域を支えるのは、ＮＰＯへの参加だけではありません。法人格を取得していないボランティア・グループへの参加、メインの活動目的はボランティア活動ではないけれど、主活動に付随してボランティア活動を行っている社会参加グループ、自治会・町内会での地域の活動への参加、さらには個人での取り組みなど様々な形態があります。

「全国ボランティア活動実態調査報告書」（全国社会福祉協議会，二〇一四）の調査へ回答した二三五七団体・グループのうち、「ボランティア活動を主目的とした団体・グループ」は、七〇パーセントでしたが、「活動の一環としてボランティア活動を行っている」とする団体・グループが二四パーセント、「ボランティア活動をするための団体・グループに分かれた」組織は二パーセントであり、四分の一のグループはボランティア活動が主な活動ではないことがわかります。

図４－23はボランティア活動が主な活動ではない場合の親団体を示したものです。「趣味の会・グループ」が二割を占めていま

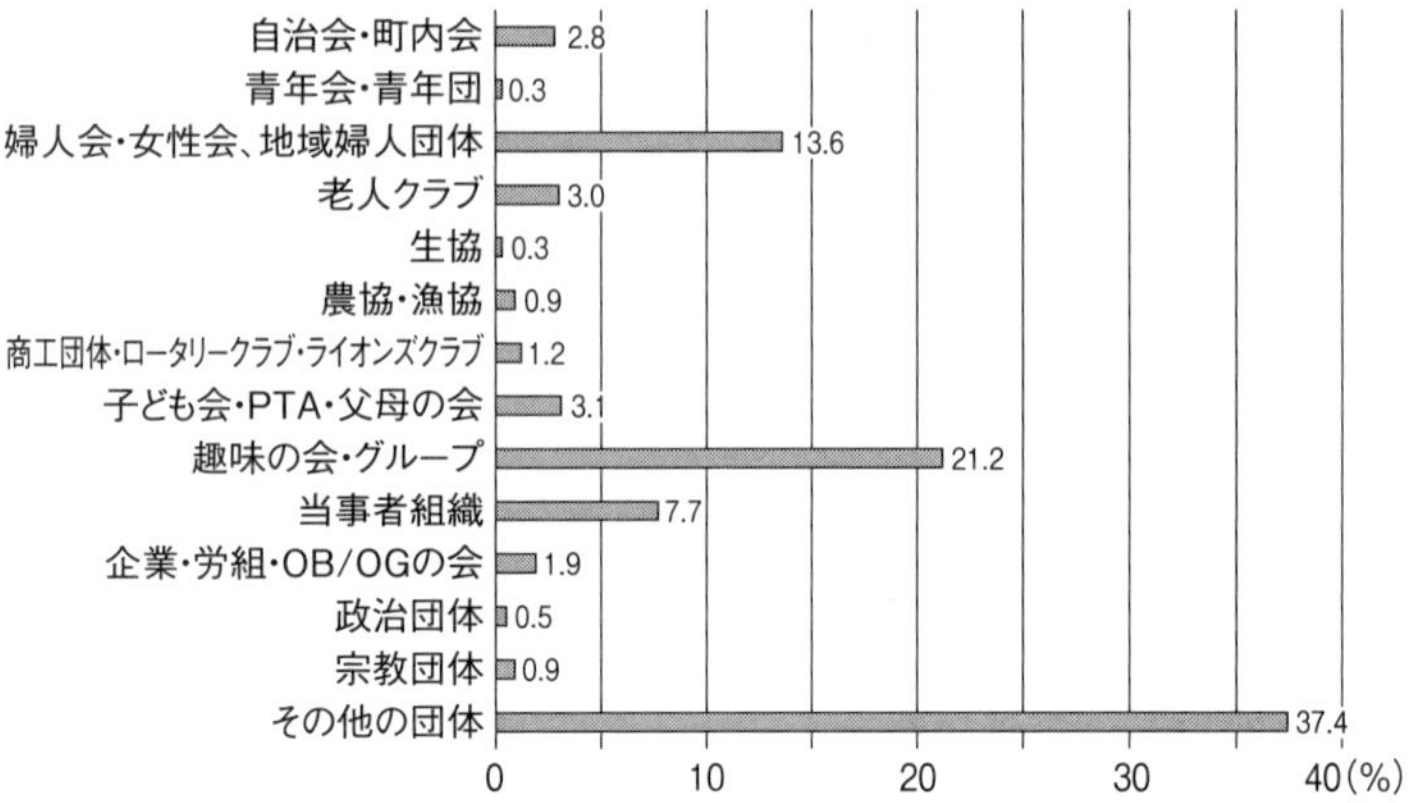

図4-23　ボランティア活動が主な活動でない場合の親団体の割合（全国社会福祉協議会，2014より作成）

す。これは前著『退職シニアと社会参加』（片桐、二〇一二a）で示した、趣味の活動が発展してボランティア活動をする、というケースに該当すると思われます。例えばコーラスグループが、老人施設に慰問に行ってコーラスを披露するようになった、というようなことです。ボランティアに縁がなかった人が自然にボランティア活動に従事するようになるという好例でしょう。

さらにそのようなグループでのシニアの活躍は大きいものになっています。その一例はグループのリーダーの年代です。図4-24にみるように、リーダーの七割は六〇歳代以上で占められています。

図4-25はメンバーの年齢層です。六〇歳代の人が最も多くなっています。このようにグループのリーダーもメンバーについても、日本のボランティア・グループはシニアの力によっているといっても過言ではありません。

その活動エリアは図4-26にみるように、小学校区・中学校区から市町村全域が中心のグループが七割以上を

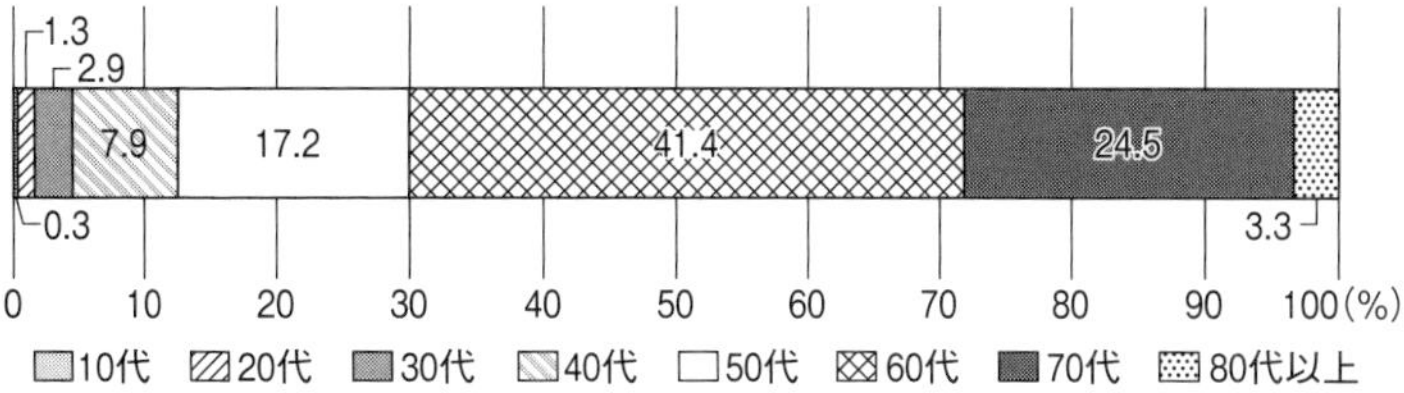

図 4-24　ボランティアグループのリーダーの年齢　(全国社会福祉協議会, 2014)

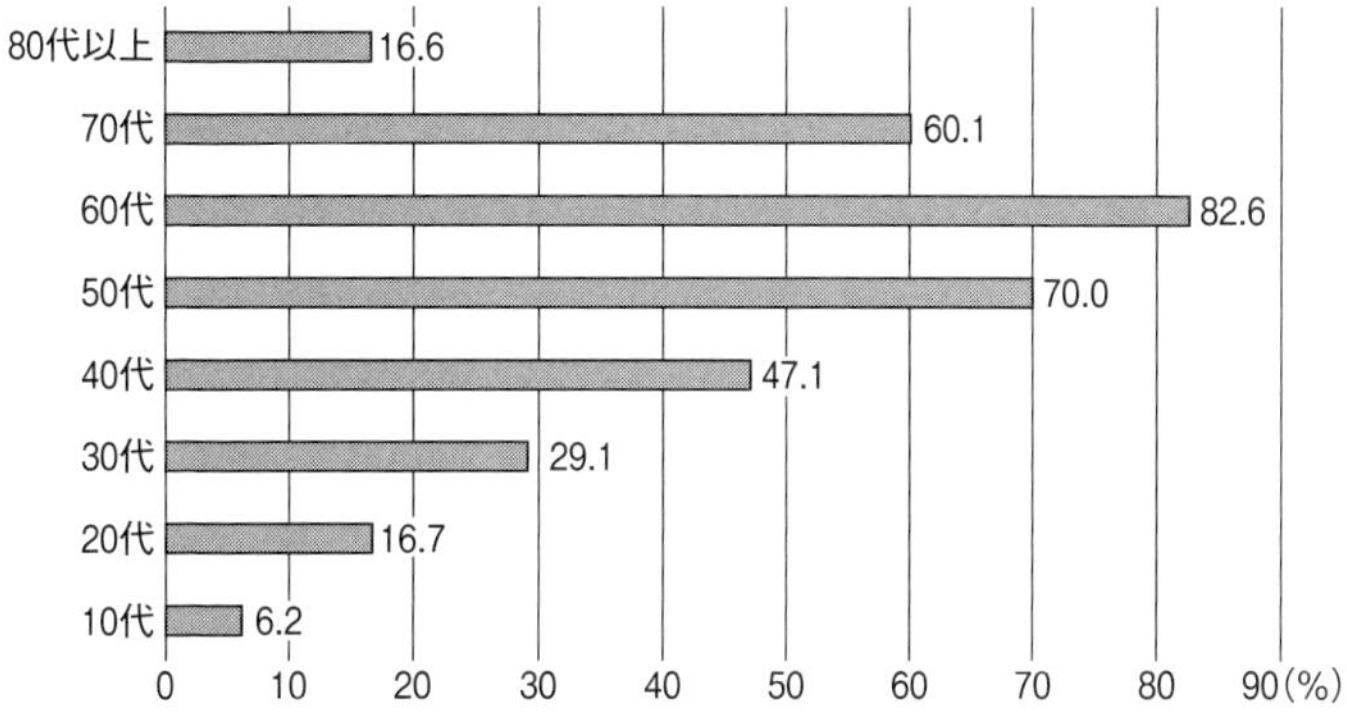

図 4-25　ボランティアグループの構成メンバーの年齢層　(全国社会福祉協議会, 2014)

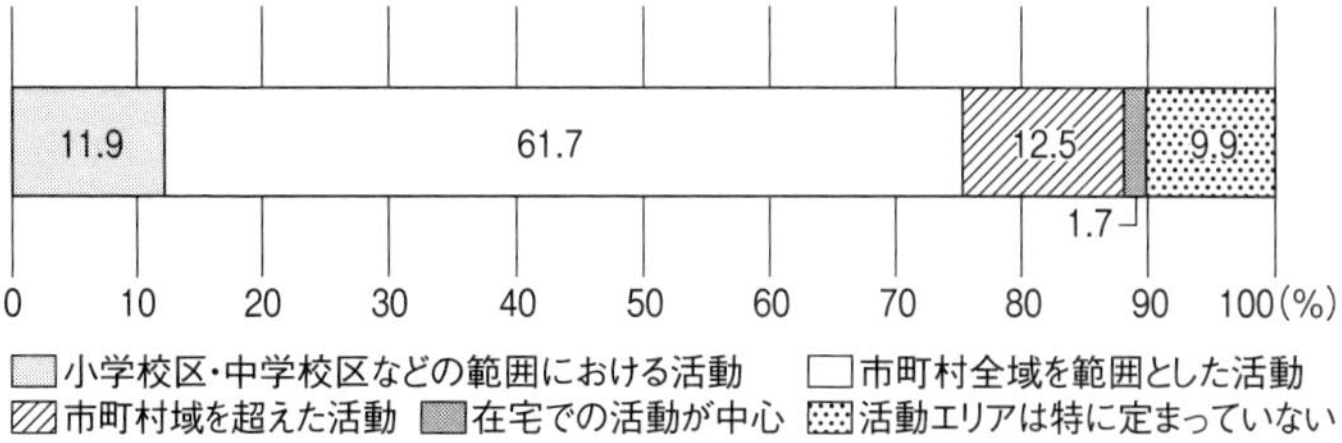

図 4-26　ボランティアグループの活動エリア　(全国社会福祉協議会, 2014)

占め、自分が暮らす身近な地域で活動を行っています。行政の手が回りきらない部分を民の力が補い、その支え手の大きな部分をシニアがすでに担っているのです。

ソーシャル・キャピタルの涵養

第3章で、ソーシャル・キャピタルがグループの活動の内容にかかわらず、グループへの参加により涵養されることを説明しました。しかし市民社会の担い手という観点からみれば、公益を目指したその活動の中でより民主主義的な運営がされていると予想することができます。NPOとボランティア・グループはダイレクトに地域社会の担い手として、社会に貢献する組織としての機能を果たしているのです。

しかし、前著『退職シニアと社会参加』（片桐、二〇一二a）で論じたように、仕事一筋で、地域社会ともボランティアとも無縁で過ごしてきた多くの会社員にとっては、いきなりボランティア活動にかかわるというのは、容易ではありません。ボランティアという言葉は日本社会にも普及しましたが、シニアのボランティア参加率は統計により数値のばらつきはあるものの、一割程度で大きな増加はみられません。その理由はあまた考えられますが、「ボランティア」という言葉が外来語のカタカナ表記であり続けるのをみると、日本にはなじみのない概念、奇特な人がする大変な仕事、というイメージもいまだ強いでしょうし、特に団塊世代以降は、社会のために何かするというより自分の楽しみを追求したいという利己的志向が強くなっています。ですので、ボランティア参加というハードルを超えるには、身近にボランティアに従事している人の存在が大きな意味を持つものと考えられます。身近なその人がどんなことをしているかを具体的に知れば、自分ができる範囲のこともあるとわかりますし、一人で知らないグループに参加しようと決心するより、知り合いに誘われたほうが参加へのハードルはぐっと下がります。シニアのボランティア参加率から考えれば、一〇人のグループであれば、一人ボランティアをしている人がいて、その人との話から、ボランティアの実態や、自分の住む地域での問題を学ぶことができます。そしてその問題に関心を持てば、自分の地域の議会でどのようにその問題への対処が図られているのか、どんな政党が、議員がどんな考えを持っているのか、などに興味を持つようになるかもしれません。さらに問題意識が拡大すれば国の政治への関心も増すかもしれません。

第3章で説明したように、グループへの参加で様々なスキルが身につき、無縁だった地域社会での仲間をつくることができます。つまり社会参加は市民参加への第一歩であるといえるでしょう。社会参加という最初のステップをふみだすことが、社会から見ればソーシャル・キャピタルの涵養につながっていくのです。

7　社会参加としての生涯学習——学び続ける場

生涯学習については第3章でかなり詳しく紹介しましたが、シニア向けの学びの場としては、行政など公的機関が提供しているもの、大学が主催するものと、民間によるものがあります。

まず、行政が提供しているものですが、行政やその委託を受けた組織が行ういわゆる高齢者大学(8)があります。呼び方はシニアカレッジなど、地域によって様々ですし、提供されているプログラムも市民育成に重点をおいたものから、初心者向けの文化講座や健康体操が中心なものまでいろいろあります。市町村のウェブサイトを見れば情報が見つかるでしょう。第二には、公民館や図書館などが主催している講座があります。伝統的に社会教育に中心的な役割を果たしてきた部分です。

大学が主催するものとしては、大学が提供する無料あるいは廉価の公開講座(9)や、有料のオープン・カレッジ(10)があります。

民間は広範囲に及ぶプログラムを提供しています。都市に多いカルチャースクールや、日本の伝統的なお稽古事、スポーツクラブや個人経営の教室も多くあります。

あいにくこれらの生涯学習プログラムに関してまとまって情報を得られる場所はないので、インターネットや、行政の広報誌、地域の情報誌などで探さなくてはなりません。

アカデミック・サロン

大学が提供しているプログラムの例として神戸大学大学院人間発達環境学研究科の主催する「アカデミック・サロン」を紹介しましょう。

開催に至る経緯は以下になります。日本学術振興会から二〇一二年「多世代共生型コミュニティの創成に資するアクティブ・エイジング支援プログラムの開発」研究に対して研究助成金を獲得し、同年

「タウン・ミーティング」を開催しました。地域の問題について地元住民と大学側で議論をし、そこで住民同士の交流の不足、防災対策の必要性などを問題意識として共有しました。その改善を目指して「アカデミック・サロン」が始まりました。

本研究科は文系と理系、芸術系の教員が揃うという学際性を備えているので、その強みを生かし、「ヒッグス粒子」「お月見の会」「健康体操」「睡眠」など様々な内容の講義を開催しています。講義の内容によって参加する住民は様々ですが、毎月一回程度、これまで三〇回以上開催し、述べ一四〇〇人以上の住民が参加し、好評を得ています。「アカデミック・サロン」の開催告知に関しては、学部のウェブサイトで告知するとともに、キャンパス近隣鶴甲地域のシニアのサポーターの協力を得て、地域の全戸に告知のビラを配布しています。

「アカデミック・サロン」は、秋山弘子のいうアクションリサーチでもあります。アクションリサーチとは第一に社会的課題の解決を目的とすること、第二に解決すべき課題に関わる人たちと研究者がともに研究に参与すること、第三にアクションリサーチに参加するステークホルダーは互いの立場や違いを尊重し、互いに学びながら協働して役割分担をするという特徴を持ちます（JST社会技術研究センター&秋山弘子、二〇一五）。大学周辺の高齢化し、地域社会が減弱しつつある地域において、大学が地域コミュニティの絆を形成する諸活動を展開し、学際的な研究者が集うという強みを生かして、様々な学問分野からのアプローチを組み合わせて科学的エビデンスの蓄積を図っています。

鶴甲地域の六〇歳以上の全住民に質問紙調査を、「アカデミック・サロン」の開始前とその一年後に実施しパネル調査を行いました。その結果、「アカデミック・サロン」に参加した人と参加しない人の間で統計的に有意な差が観察され、参加した人の方が、地域住民の間での親しい知り合いが増加していました。

また連続講座において、参加者間にネットワークが形成されるかどうかを、人々の交流の様子を測定するデジタル・デバイスを用いて計測した実験においては、確かに回数を重ねるほど参加者間にネットワークが形成されていく様子が観察されました。

質問紙調査と実験での量的なデータをより詳しく検討するために、質的調査も行いました。本プログラムのサポーターの方に「アカデミック・サロン」の開始前と一年後にインタビューを実施しました。

サポーターはそれぞれすでに地域のグループに参加している人が多く、地域のグループ同士がうまく連携していないという問題意識を共有し、時には対立するグループ間の調整をし、うまく協働を促す役を大学に対して期待していました。

鶴甲地域は一九六〇年から七〇年代に開発された地域で、すでに高齢化率が三五パーセント程度に達しています。一人暮らし高齢者も多く、社会的孤立やひいては孤独死を心配し、地域住民の連携を期待するという人も少なくありませんでした。「アカデミック・サロン」の目的であった地域住民の絆形成に関しては、一年後に実施したインタビュー調査の結果では、知り合いが増えた、これまで軽く挨拶するだけだった人と話をできるようになったとか、男性は男性同士で、女性は女性同士でしか話をしなかったけれど、性別を超えて話ができるようになった、など、量的データで示された結果が、実際の地域社会でどういう現実が生じていたのか、をインタビュー調査により理解することができました。
幅広く様々な学問分野にまたがるトピックの講義内容が提供されたことに対しては、難しくてわからないこともあったけれど、知的刺激になった、と大学ならではの内容が評価されていました。

防災に関しては、住民の意向を受け、防災訓練を二回実施しました。防災の専門家の講義も実施し、災害の危険性が高い地域がどこかなどを詳細な地図をもとに説明し、防災のためにも地域のネットワークが重要であることが住民間で共有されました。また避難民を受け入れる避難所としての大学側の施設の問題、例えば階段や高低差が多く、スロープや手すりがついていない、避難所になる体育館に冷暖房がなく、冬場の寒さが厳しいなどの問題があることも判明しました。

「アカデミック・サロン」は二〇一二年から継続して開催されていますが、その発展として、神戸大学大学院人間発達環境学研究科では二〇一五年一二月に「アクティブエイジング研究センター」を立ちあげました。学際的、国際的に高齢者問題に取り組むことを目的としていますが、住民の参加も募り、地域社会に根差した研究も行うことを企図しています。様々な高齢化に伴う課題の研究が行われていますが、継続的に「アカデミック・サロン」の効果を測定するプロジェクトもその一つになっています。

サードエイジ大学

海外では「サードエイジ大学（university of third age, U3Aと略されることが多い）」という仕組みがヨーロッパから世界に広がっています。決まった定義やシステムは存在しませんが、多くは現役時代を終えたサードエイジの人々に学び直しの機会を提供しています。日本においてはその名称は使用されていませんが、行政の提供している高齢者大学などは、これに該当する内実を備えたものもあるようです。

生涯学習の内容は第3章で紹介したように多岐に亘りますが、自分の人生をより豊かなものにする、という点では共通しているでしょう。その中で社会とのかかわりをもち、社会への関心を育てるものも多いと思います。例えば地域の歴史を学べば、その保存について考えるようになるでしょうし、カメラの撮影術を学べば、地域の美しい風景を残したいと、環境保護にまで関心が広がるかもしれません。茶道や書道を学び、日本の伝統文化のすばらしさに気づき、その維持に尽力したいと思う人も現れると期待されます。

8　市民参加再考

本章では、シニアの就労、NPOやボランティア・グループ、社会参加活動のグループ、生涯学習と、シニアの市民参加活動と生産的活動にかかわる場を紹介してきました。シニアの選択肢として、社会参加活動、生産的活動、市民参加活動の選択がある、と指摘しました（図1-3）。この話がいつの間にか市民参加にシフトしたように思われるかもしれませんが、それは従来の広義の市民参加を超えた「市民参加」を考慮しているからです。それはサードエイジになったときの社会とのかかわりを意味しています。それは市民参加は無論、社会参加もシニア就労も何らかの社会への貢献という側面を持つという点で共通しており、それら全体を「市民参加」として捉えているからです。しかし、同じ言葉を使うと混乱が生じますので、この広義の「市民参加」を「市民参画」と呼ぶことにします。

生産的活動である就労は、先細る日本の労働力を補うことで日本社会を支えています。さらにシニア労働者に求められる役割の一つとして、次世代への教育や技術・知識の継承、という点を考えれば、それは企業の利潤追求を超えた世代継承性を帯びます。社会参加は、ソーシャル・キャピタルの涵養を通じて社会に寄与しますし、ボランティアを含む市民参加はダイレクトに社会への貢献です。

従来のようなサービスの受け手としての「高齢者」のみを考えるのではなく、その力の発揮により、今の社会をよりよくし、これからの未来の礎になる、多世代に資する大きな力となり得ると思うのです。それはこれからの日本の市民社会を支える貴重なリソースといっていいのではないでしょうか。

（1）ミドル・マッチ・フレーム——http://j-hr.or.jp/matching/ 異業種・異職種への転職が比較的難しいとされてきた四〇歳代から五〇歳代の転職を、従来とは違った評価基準を用いることで年齢にとらわれない転職を実現するツール。
（2）ポータブル・スキル——社外でも通用する能力。仕事の仕方と人とのかかわり方の要素から成る。
（3）ソーシャル・ビジネス——地域社会においては、環境保護、高齢者・障がい者の介護・福祉から、子育て支援、まちづくり、観光等に至るまで、多種多様な社会課題が顕在化しつつある。このような地域社会の課題解決に向けて、住民、NPO、企業など、様々な主体が協力しながらビジネスの手法を活用して取り組むのが、ソーシャルビジネス。一般的な企業では金銭的な利潤を第一に追求するが、ソーシャル・ビジネスの企業では利他の心を持って、金銭よりも社会的な利益を追求する。

（4）ICT――情報処理や通信に関連する技術、産業、設備、サービスなどの総称。Information and Communication Technology。

（5）ジェンダー・ギャップ指数――世界経済フォーラム（World Economic Forum）が毎年発表している「The Global Gender Gap Report」で発表される、各国における男女格差を測る指数（Gender Gap Index：GGI）。経済、教育、政治、保健の四つの分野のデータから作成される。

（6）IoT――Internet of Things（モノのインターネット）の略。インターネットにパソコンやサーバー、プリンタ等のIT関連機器以外の様々な「モノ」を接続することを意味する。

（7）社会的企業――社会的課題の解決を目的として収益事業に取り組む事業体のことで、ソーシャル・ビジネスも含まれる。参照、http://www.meti.go.jp/policy/local_economy/sbcb/

（8）高齢者大学――主に市町村が実施する高齢者向けの生涯学習事業。生涯学習の場を提供し、高齢者の生きがいや健康づくりを支援する市民大学の一種で、実施する団体により「高齢者大学」、「シルバー大学」、「長寿大学」など名称は様々。

（9）公開講座――大学などが一般の人を対象に開設する講義。

（10）オープン・カレッジ――大学生向け授業科目が一般の人にも開放されているもの。

第5章　成熟した超高齢社会の実現に向けて

――個人と社会の成熟の実現

前章まで、サードエイジの選択の可能性と、それがどこで具体的にどのような現実を持つのかを紹介してきました。本章では、まずそのような選択、つまり就労したり、市民参加をしたり、社会参加をしたりした場合に、シニアたち自身にとってどのような効果が期待できるのかを考えてみます。さらに、そのようなシニアが増えることによってどのような社会が実現し得るのかについて述べたいと思います。

1　アクティブ・エイジングからみた健康に対する効果

最初に、サードエイジの選択肢として提案した社会参加活動、生産的活動、市民参加活動、その参加のための学びとしての生涯学習の、健康に対する効果をみてみましょう。

各々の活動に対する参加の効果の一つとして検討されてきたのが、健康に対する効果です。これまでこれら三つの概念のあいまいさや共通する部分があることを説明してきたように、研究が取り上げる活動は必ずしもこれらの概念の領域ごとに別途に検討されてきたわけではなく、取り上げる活動の範囲が、社会参加活動、生産的活動、市民参加活動の二つ以上の領域にまたがって検討されている研究も多くあります。これらの活動の重複する部分の性質に着目しているためです。

また、これらの活動の健康に対する効果として検討されているのは、身体的、精神的な健康以外だけではありません。参加によって得られる心理的社会的リソースを含めて、高齢者のウェルビーイングとして包括的に捉えて検討している研究が多くなっています。自尊心や自己効力感、社会的ネットワークや役割といった心理社会的リソースは、健康な状態を実現するのに強く関連すると想定されているからであると考えられます（片桐、二〇一七）。

生涯学習の効用

学校教育の将来の健康への効果を検討した研究は多いのですが、生涯学習自体の健康に対する研究は、実はそれほどは行われていません。ナルシマ（Narushima, 2008）は、それらの研究のレビューをして持続的な学び《コンティニュード・ラーニング》は人々に知識やスキル、社会的ネットワーク、肯定的な精神状態や自己概念など、経済、社会、心理的な様々なリソースを得ることを可能にし、個人に健康的な人生をもたらし、さらにコミュニティにとっても住民の健康状態の改善というメリットをもたらすとしています。

ハモンド（Hammond, 2004）は、そもそも一般的に学習は五つの心理社会的なリソース(1)、①自尊心・自己効力感、②アイデンティティ、③目的と希望、④コンピテンス・コミュニケーション、⑤社会的統合(2)、の発達を助けることで、ウェルビーイングとメンタルヘルス、健康状態の悪化に対処する能力を育成するとしています。さらに生涯学習に限定すれば、ウェルビーイングへのプラスの効果、メンタルヘルスの問題発生の防止と回復、慢性症状や障がいの発生をもたらすようなストレスのある環境への対処という効果がみられると考えられます。生涯にわたって、教育の健康へのプラスの影響が確認されているのです。

一方で、コミュニティ・カレッジへ参加することによる健康への効果を検討し、うつ症状、社会的満足などが参加の前後で改善したものの、参加終了後にその効果は消滅し、効果の維持は社会的環境に左右されると指摘している研究もあります（Panayotoff, 1993）。

また生涯学習の効果は身体的に不自由があったり、健康問題がある人の方が、健康状態がいい人より、健康に関連する心理的リソースである人生の楽しみ、自己概念、人生満足、対処能力に対して、ポジティブな効果が大きかったという指摘もあります（Dench & Regan, 2000）。

最近の知見では、生涯学習は認知機能にもプラスの効果がみられたといいます（Chen et al., 2015）

これらの知見を総合すると、高齢期における学習はうまく学習の内容とコンテクストが高齢者の興味とニーズにマッチすれば、高齢者の生活を改善する、つまり、高齢者にとっての学習の効果は第一に心理社会的リソース（人生満足、自信や対処能力、社会的交流など）が得られることにあることになります。高齢期における学習は、学習からの喜びと満足と、社会的相互作用を媒介して、健康をもたらしているのです。

生産的活動

人口の高齢化に伴い、高齢者の就労がかなり社会的必然となってきたという時代背景を受け、カルボ(Calvo, 2006) はダイレクトに「長く働くことは人々をより健康に、ハッピーにするのか」という論文をものしており、パネルデータを分析した結果、就労はプラスである、つまり、働いている高齢者の方が、ＡＤＬ、ＩＡＤＬ[3]に問題を持つ割合が低く、ネガティブな気分を感じることが少なく、死亡率も低い、ということを報告しています。ジャン (Zhan et al., 2009) もパネルデータを使って、定年後の第二の仕事《ブリッジング・エンプロイメント》と退職者の健康、大きな病気や、日常機能的な制限、メンタルヘルスとの関連を検討し、働いている方が、病気と機能制限が少なく、メンタルヘルスの状態もよかったという結果を報告しています。もちろん仕事はストレス源にもなり、ストレスにうまく対処できなければ健康を損なうということも十分考えられるので、一概に就労すればいいということではありません。どういう条件の就労が健康にプラスなのかなどは今後の検討を要するでしょう。

英語ではボランティアをすることを、ボランティア・ワークともいうように、仕事（ワーク）とボランティアの効果を同時に検討している研究もあります。例えば、年間一〇〇時間以上の仕事、あるいはボランティアをしていると、それ以下の時間数の人たちに比べて死亡率は低く、健康状態はよりよく、ＡＤＬの機能低下も少なかったという報告があります。しかもその効果は仕事とボランティアと独立して観察されたとしています (Luoh & Herzog, 2002)。

スタヴら (Stav et al., 2012) は、これまで行われてきた仕事とボランティアと健康に関する論文の知見をまとめた結果、仕事とボランティアは、全体的な健康、ウェルビーイングにプラスの影響があり、死亡率の低下がみられ、ADLの機能が保たれ、うつ症状を含めたメンタルヘルスもよく、より人生に対して肯定的であり、より大きな生活満足度が得られている、と指摘しています。

ボランティアのみを検討した研究でも健康に対するプラスの効果は様々報告されています（片桐、二〇一二a）。身体的側面として、例えば身体的健康、高血圧になるリスクの減少、身体的な障がい発生の遅延、死亡率の低下（Gottlieb & Gillespie, 2008; Harris & Thoresen, 2005）、認知的機能的側面として、例えば認知機能の向上（Carr et al., 2015）、心理的側面、例えば、うつになりにくいなどメンタルヘルスの向上、より高い人生満足度、高い生活の質、自己効力感、主観的健康観とウェルビーイングの向上（Li & Ferraro, 2006; Tang et al., 2010; Wu et al., 2005）と社会的側面である社会的交流の増加（Casiday et al., 2008）など、様々な側面の健康の維持や向上と病気や障害の発生の防止の効果が報告されています。

市民参加・社会参加

市民参加については、第4章で紹介したように、政治参加とボランティア活動という内容から研究が行われてきました。政治参加については健康への影響という直接的な検討は少なく、投票参加における社会経済的な不平等やソーシャル・キャピタルの不平等が健康にも関連している（Blakely et al., 2001; Kawachi, 1999; Kawachi & Berkman, 2000; Rose, 2000; Veenstra, 2000）という、より広い文脈の中で検討されています。特にソーシャル・キャピタルと健康との関連については、ソーシャル・キャピタルの下位

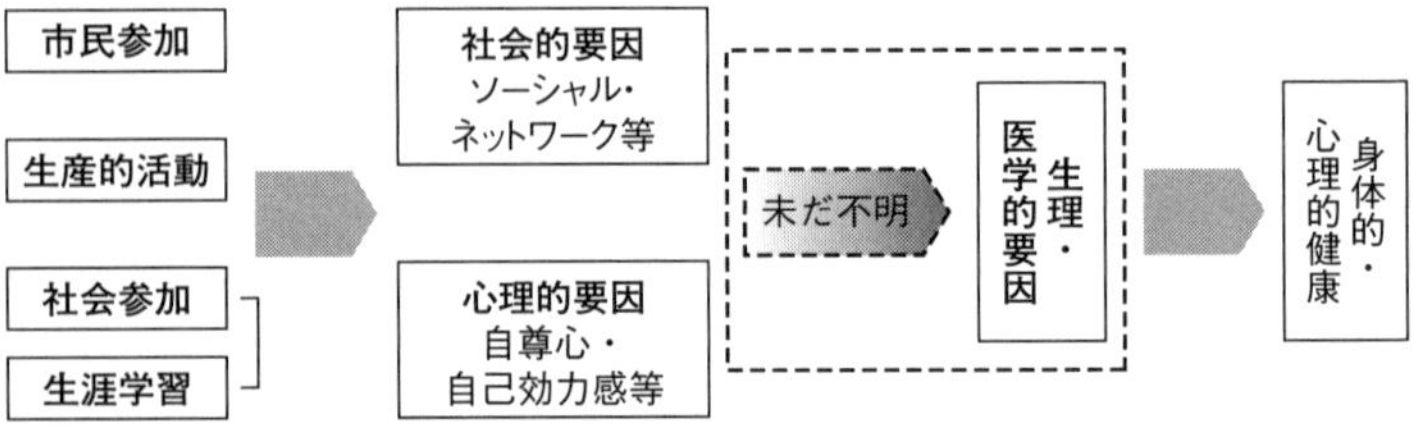

図 5-1　参加から健康へのモデル図

概念の中で、どの下位概念が最も関連が強いかなど近年多くの実証研究が行われています。

社会参加と健康の関連も前著で多くのプラスの効果を指摘しました（片桐、二〇一二a）。最近のレビューにおいても、社会参加している人の低い死亡率、よりよい認知機能の維持・低下の減少、身体能力の向上・低下の減少、ADLの向上、慢性疾患を抱えた人のよりよい生活機能の維持、生活の質の向上、移動できる生活圏の低下の予防（Stav et al., 2012）という多くの効果が観察され、社会参加の健康に与えるプラスの影響に関する知見が着々と蓄積されています。

このように、市民参加、生産的活動、社会参加（生涯学習を含む）に関して、総じて健康へのプラスの効果があるということはかなり明白になってきていますが、その詳しいメカニズムはまだ明らかになっていません。以上に挙げた三つの概念はすべて人との交流を促進するという社会的な要因として機能しており、社会に貢献する、かかわることと自尊心や自己効力感という心理的な要因という媒介要因を経て健康の増進につながるというモデルが想定されます。

さらにいえば、そのような媒介要因が何か生理的な変化をおこすことによって健康につながるというメカニズムが考えられるのですが、その生理医学的な影響についてはこれからの解明が待たれるところです（図5－1）。

2　生涯発達からみた効果

次に、生涯発達という観点から、市民参加活動、生産的活動、社会参加活動への参加により何が達成されると期待されるのか、人間の発達という関連から考えるので多少抽象的な概念になりますが、エリクソンの「世代性」と、バルテスの「英知」について取り上げてみたいと思います。高齢者を身体的、心理的、認知的能力など様々な側面で徐々に衰えていく存在であるとして、その衰えを防ぐという文脈での研究が大多数であるのに対し、これらの二つの概念は、長い人生経験がある高齢者であるからこそ実現され得るものとして位置づけているからです。

エリクソンの有名なライフサイクル理論は人間の誕生から死に至るまでの生涯を八つ（ないしは九つ）に分け、それぞれの時期での発達課題を指摘しています（Erikson & Erikson, 1998）。「Ⅰ乳児期」「Ⅱ幼児期前期」「Ⅲ遊戯期」「Ⅳ学童期」「Ⅴ青年期」「Ⅵ前成人期」「Ⅶ成人期」「Ⅷ老年期」の時期でサードエイジにもっとも関連が深いのは、「Ⅶ成人期」に該当すると考えられるでしょう。エリクソン自身が「Ⅷ老年期」は、身体の衰えが始まった時期といっていますので、これはフォースエイジに該当することになります。

エリクソンは各時期における発達課題を挙げています。「Ⅶ成人期」の発達課題は「世代性（生殖性）対停滞」[4]となります。そして、これらの葛藤から獲得されるものが「世話《ケア》」であるとされています。「世代性《ジェネラティビティ》（生殖性）」は、エリクソン自身がこの言葉の概念を変化させていることや、該当するうまい日本語がない、という指摘もあります。エリクソンは世代性（生殖性）に当初「子孫を産み出す」ことに重点をおいていましたが（よって「生殖性」という訳がふさわしかったのですが）、その後「世代サイクル」の視点を導入し「生殖性」「創造性」「生産性」といった側面が明確化され、「次代を教え育てる」という概念に拡大したため「世代性」という訳語の方がふさわしくなりました（谷村、一九九九）。

これらの概念を本書の文脈においてみると、サードエイジの何らかの社会への貢献という側面をもつ社会参加活動、生産的活動、市民参加活動という三種の「市民参画」によっても、世代性は達成され得ることに気づきます。市民参加は現在生きるコミュニティの改善を目指すということもあるでしょうが、将来のあるべき方向に向けての意思決定や行動、「あるべき社会・地域」という考えを根幹に抱いているでしょう。シニアの就労は、自分の経済的なリソースや生きがいを得る、という目的が主かもしれませんが、シニア就労者には次の世代の育成、経験や知識の伝承という役割が期待されています。社会参加は自分の趣味や好みを追求するという目的が大きいと思われますが、グループの中での多世代交流により、若い世代への知識の伝達や継承、文化の保存・承継といった活動も行われていることもあるでしょう。つまり、参加しないよりは、参加した方が、世代性の発達に近づく、という可能性が高くなります。

「英知《ウィズダム》」はエリクソンの「Ⅷ老年期」の対立命題「統合対絶望・嫌悪」の葛藤をのりきる際に必要とされるとして登場しています。人々は成人期を過ぎて次第に身体的精神的衰えと直面するようになります。それに対処し、喪失や衰えを受け入れ、理解し、人格的統合をなすのに必要なものが「英知」であるとされます。またバルテスは、主として知的能力の領域における英知に着目し、英知を、「人生にかかわる重要だが不確定な事柄への適切な判断やアドバイスを可能にする本質的で実践的な熟達した知識体系」と定義し、「有限である人間の発達や人生に関するたぐいまれな洞察、特に人生上の困難な課題に対する適切な判断やアドバイスや見解」としています（Baltes, 1993）。

鈴木忠（二〇〇八）によれば、「英知」はただ長く生きれば単純に得られるというものではなく、自らの人生経験をベースに、書物やこれまでに文化的社会的に受け継がれてきたものを加味して、人間や文化、社会、グループなどに対して形成される一般的な知識であるとされます。通常いわれる「頭がいい」人が必ずしも「英知」があるわけではないことは、一流大学を出たエリートが企業の経営者や官僚として馬鹿げた行為、罪を犯すことをみてもわかることです。このような愚かな行為を犯さないようにするものこそが「英知」であるとされます。

また「英知」はある特定領域での専門的な熟達とも異なります。例えばある企業の中で非常に熟達した能力を持っていても、その企業にのみ資するという点で効率性を追求することは、時には社会にとっての害となり、公益性を損ねることになります。役所の縦割り行政がしばしば批判されますが、その縦の部署内だけでの効率性を追求すれば、違う部署との連携や調整を図ることは効率的でないことになります。しかし、市民のためを思えば部署間の連携をとり、全体をみて調整するということが公益に適うということになります。このように「英知」は一つの領域に縛られない一般性、普遍性を具備するのです。

さらに、これまでの知識がないような場合にも、問題をみつけて人々が思いつかないような解決をすることができるという「創造性」をも「英知」は持つと考えられます。その中でも、既存の習慣や伝統を超えて、新しい志向の枠組みを提示する「英知」の側面をソロモンらは「越境」という概念で表しています（Solomon et al., 2005）。

ここまで鈴木（二〇〇八）の論に則り「英知」を説明してきました。このような説明から考えれば、エリクソンは「英知」を老年期にかかわるものとして扱っていますが、「英知」は心身が衰えなければ獲得されないというものではないでしょう。定年後、これまでと違う仕事をする、あるいは違う立場での働き方をする、ビジネス社会でない地域社会の人とのつきあいを始める、あるいは新たにボランティアをしてみる、という行為のすべてが「越境」するという経験になります。

勤めていた会社の中で習熟した知識は、他の会社や地域社会で役に立たないものもあるかもしれません。しかし、身につけた知識が退職後にすべて水泡に帰すというわけではないでしょう。企業内でしか通用しない特殊な技能や知識、ルールの他に、人々が集まる組織を動かすコツや、人とのつきあい方のルールといった普遍的な知識も多いはずです。これは第4章の転職の話で紹介した「ポータブル・スキル」に近いものと考えられます。最初は何が特殊で何が普遍的なのかがわからないかもしれません。しかし新しい環境で試行錯誤をするうちに、自然に自分の中の汎用的な力に気づくのではないでしょうか。そうやって抽出された「英知」は、別の新しい環境でも通用するものでしょう。

定年退職者の「地域デビュー」が大変な理由の一つが、自分の経験のうち、何が特殊なものなのか、地域社会でも通用するものなのかというふるい分けをするのが難しいという点にあるのかもしれません。何が特殊なのかは、違う世界を経験しないとなかなかわかりません。しかし、いったん「地域デビュー」に成功してしまえば、現役世代に社会参加をまったくしていなかった人でも、様々な地域のグループで活発に活動することができるのです（片桐，二〇一二a）。地域社会という未知な社会でもやっていける柔軟性や開放性、地域にいる様々な人を平等に扱うような規範を身につけ、多様な人とうまくやっていけるようなコミュニケーション能力を獲得し、自ら情報を探して決定して前向きに進んでいく、という姿勢はまさに「英知」を「地域デビュー」で獲得した、ということではないでしょうか。

「英知」は生涯発達において、サクセスフル・エイジングを可能にする重要なものです。もちろんここまで示してきた社会参加、市民参加や生産的活動への従事でしか獲得できない、ということではありません。しかし、それらの参加は「英知」を獲得する一つの道であるといえると思います。

3　高齢先端社会からみたシニア市民の可能性

ここまで身体的、精神的な健康、および「世代性」と「英知」の獲得という深い人間性の実現という個人の視点から社会参加活動、生産的活動、市民参加活動、生涯学習への「参加」の効果をみてきました。最後にこのように個人が「参加」をすることで、どのような社会が実現され得るのかを考えてみたいと思います。

そのスタートポイントが第1章で紹介した社会参加位相モデル（図1－1）です。この概念的なモデルの効果についてフェーズごとに、個人、社会関係、社会に対する効果を提案したのが社会参加位相モデル（効果モデル）（片桐、二〇一二）ですが、このモデルに本書での主張を統合したものが市民参画モデル（効果モデル）（図5－2）になります。

この市民参画モデル（効果モデル）は、社会参加位相モデル（効果モデル）の「個人への効果」に「世代性」と「英知」が加わっています。では「社会関係への効果」ではどうでしょうか。社会参加（効果モデル）では、社会参加により、地域ネットワークが形成されること、また特に夫が社会参加で外出すると定年後の夫婦関係再構築に模索する妻のウェルビーイングにいい影響がある、という研究結果を紹介しました。本書でのここまでの議論により、これに「多世代間交流」を加えることができると思います。就労、ボランティア、市民参加活動においては多様な考え方を持つシニア同士の出会いだけ

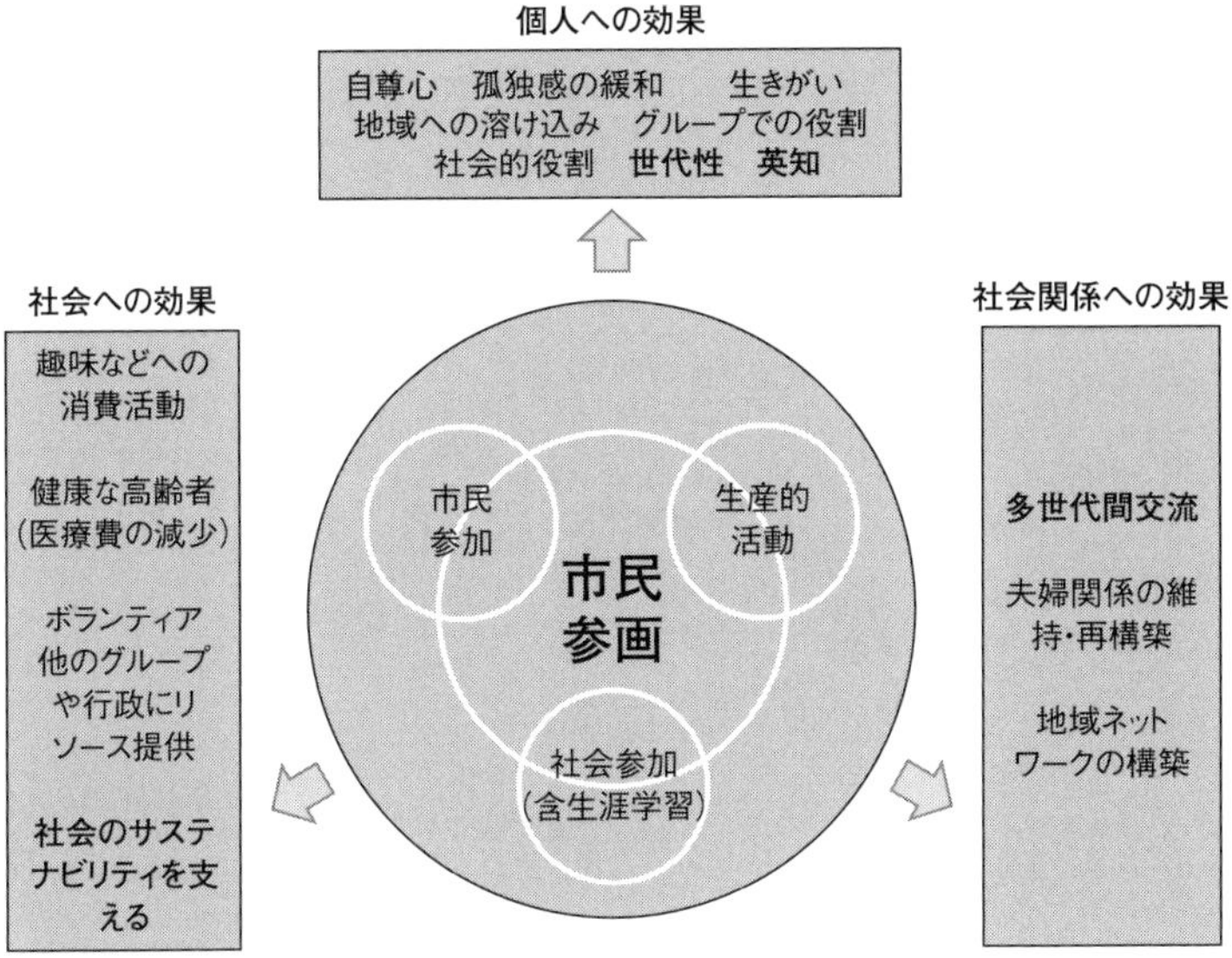

図5-2　市民参画モデル（効果モデル）

でなく、異なる世代との出会いや協働が行われるからです。

　このような「参加」の場での新しいネットワークの形成は、定年に伴い減少したネットワークを補い、再構築する可能性を秘めています。そのような中でも個人を取り巻く親しい人たちは、ストレスなどから守るネットワークであると想定した「コンボイ・モデル」(Antonucci & Akiyama, 1987; Kahn & Antonucci, 1980) は人間の、生涯にわたる社会関係の重要な仕組みです（図5－3）。

　「コンボイ」とは護衛船団のことで、商船や客船などが航海するとき、何隻もの護衛船団が守っています。このイメージを転用して、人間を生涯にわたって守るネットワークのことを意味しています。個人を取り巻く三層のコンボイが想定されており、個人をすぐに取

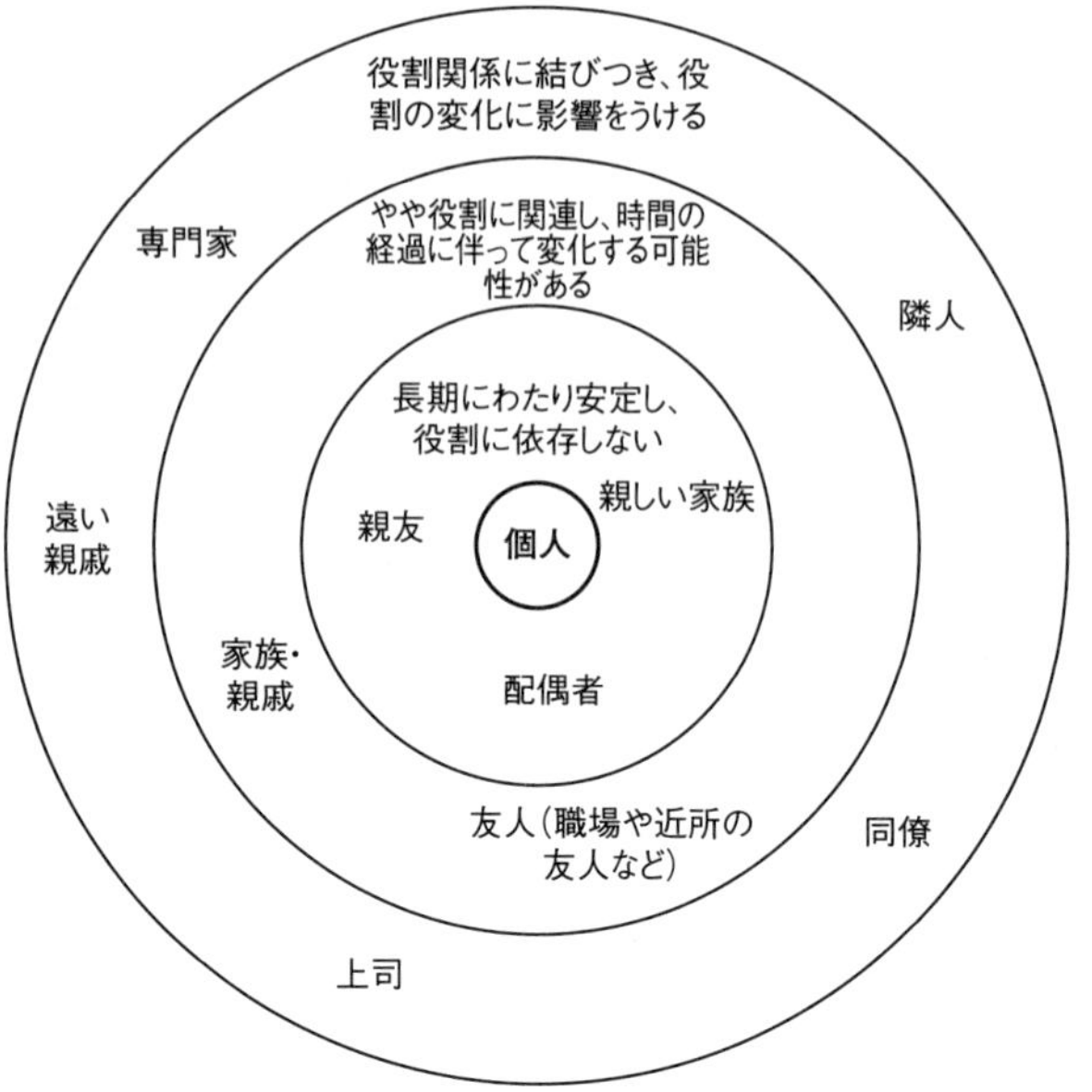

図 5-3　コンボイの例　(Kahn & Antonucci, 1980)

り巻くグループ（第一円）には長期にわたり安定し、役割に依存しない人たち、例えば、配偶者や親友があてはまります。その外側を取り巻くのはやや役割に関連し、時間の経過に伴って変化する可能性がある人たち（第二円）で、例えば家族や友人が該当します。最も外側には役割関係に結びつき、役割の変化の影響を受ける人たち（第三円）で、例えば隣人、同僚、上司が含まれます。定年を機に、特に第三円の人は抜け落ちていくことが考えられます。さらに加齢に伴い、第一円や第二円に入るような重要な他者が転居や病気、死亡により、徐々に欠けていき、コンボイに含まれる人数は減少していきます。それを補う新しい人との出会いを、しかも身近なコミュニティにおいて「市民参画」は提供する可能性があると考えられます。コンボイは人のウェルビーイングにも大きな関連を持つとされる重要な社会関係ですので、それを維持するのに「市民参画」は役立つ、ということになります。例えば日本の高齢者は四人に一人が友人がいないと答えており、アメリカとスウェーデンが一割程度、ドイツが二割弱なのに比べて高い割合になっています（内閣府、二〇一六b）。シニアになって友人を見つける場としての「市民参画」は重要な機会を提供する場となり得るでしょう。

「社会への効果」については、社会参加位相モデル（効果モデル）では、活動参加における消費という経済活動をする経済的な効果、活動により健康状態が保たれ、医療費や介護費用の軽減という意味での経済的効果、ボランティアとしてのリソース提供という効果を想定しました。本書での「市民参画」によって、さらにこれからの社会の構築に資する、ということが期待できると思います。就労においては、これまでの知識や技能を伝え、次世代の育成に寄与することで今後の企業の発展の礎となることができます。つまり社会のサステナビリティを支えるといってもいいと思います。ボランティアや市民参加はまさに現状に対する問題点から出発する行為である、つまりよりよい社会の構築に寄与するということができるのではないでしょうか。

さらに、シニア個人の成熟が図られることで社会もより円熟する、そのような円熟した社会という環境において、個人はさらなる発達を果たすことができる、という上昇のスパイラルを想定することができるでしょう。このプロセスの渦中にある、個人と社会関係と社会の成熟を果たすシニアを「シニア市民」を呼びたいと思います（図5－4）。

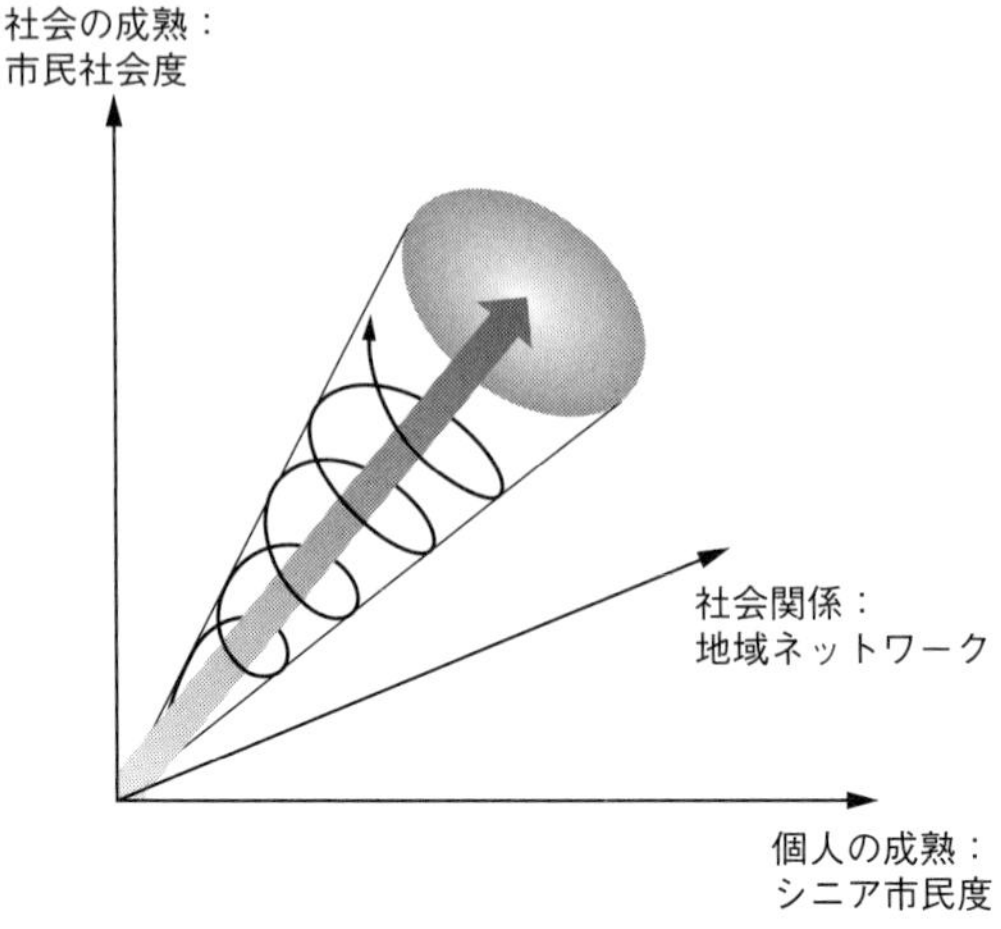

図 5-4　個人と社会の成熟

先進国においては今後大きな経済的な発展を望むのは難しい状況にあります。そのような限界の中で、企業の競争はますます厳しくなり、個人の経済格差も拡大するという生きにくい社会になっていくことが懸念されます。そのようなストレスの多い社会における緩衝として機能してきた家族ですら、結婚に興味がない若い世代が増え、単身世帯の増加、家族間の関係の変化などにより、従来の家族を支える機能は落ちてきています。それどころか最近「きょうだいリスク」という言葉さえ生まれています。無職の弟、非婚の姉の存在が自分がいつか支えなければならないという将来のリスクとして語られているのです（平山・古川、二〇一六）。地域社会も然りです。従来人々を守ってきた強い絆による防壁は霧消しつつあり、強い絆により支えあう、という社会システムは機能不全に陥ってきています。

そんなときにこそ期待できるのがサードエイジの

「シニア市民」ではないでしょうか。強い絆に代わり、弱いけれどしなやかな市民間の支えあいのネットワークが形成される。シニアの「市民参画」により、良識と見識を備え、少しでもよい世界へ導く実行力を持つ。そんな彼らの大いなる活躍が期待される時代であると思います。

しかし、どうやって彼らの「市民参画」を進めるのか。団塊世代以降、個人主義の傾向が強くなっていますから、なかなか社会のために、といってても関心を持ってもらえません。なにか関心を引くような、コミットメントを促すような仕掛けが必要です。シニアがやってみたい、やってみて楽しいと思うようなこと、それは例えば、小さい子どもとのかかわりかもしれないし、近所のウォーキングから地域の自然の豊かさに気づき、そこから始まって景観保存運動に参加するようになるかもしれません。それに参加して、面白いと思ってもらえたら大成功です。面白いと思えば、参加へのモチベーションが自然と上がるでしょう。そしてその活動をするうちに、自尊心がよみがえり、自信につながる、自信を持てば、その活動をすることに対する責任感が生まれ、社会のために活動するようになるのではないでしょうか。例えば園芸教室に行き、野菜作りが楽しかった。おいしいと家族や友人にいってもらえた、となれば、退職後に見出せなかった自尊心の源泉を得ることができます。しごと一本槍だったサラリーマンだった自分でもおいしい野菜が作れる、と自信を持てるようになります。仲間と一緒に育てた野菜を地域の行事の時に売ったり、提供したりし、地域の人に喜んでもらえたら、また来年もやろうと思う。地域の人も期待するようになり、期待されているのだから、おいしい野菜をきちんと作らなくてはならないという責任感を感じるようになる。さらに地域の行事だけでなく、施設に提供したりするなど活動が広がっていく……。さらにいかにおいしい野菜を作るかを考え、農地や土壌に関心を持つ、そこから地域環境に興味が広がり、地域の環境問題に関する研究会や地域の環境美化を啓発するための多世代向け地域イベントを興していくということもあるかもしれません。

このような流れができれば、無理がなく、シニア自身は楽しいし、生きがいもできる。地域社会も担い手を得る、とウィンウィンな結果が想像できます。こんなプログラムを最初は研究者が考えたとしても、次にはシニア市民自身が考えられるようになれば、その時はすでにシニア市民が社会を支える時代になっていることでしょう。そのようなプログラムは、高齢化を追う他の国々に、モデルとして輸出できるものになるかもしれません。世界に冠たる高齢先進国として、あるべき高齢社会の範への方策を発信することができるでしょう。

（1）コンピテンス――能力や有能さ。学問領域で意味することは異なるが、生涯学習でいうコンピテンスとは生活していくうえで直面する問題に対処する能力。
（2）社会的統合――個人の「社会」とのつながりの程度を示す概念。
（3）ＩＡＤＬ――手段的日常生活動作（instrumental activity of daily living）。日常生活を送る上で必要な動作のうち、比較的複雑で高次な動作を指す。例えば、買い物や洗濯、同時などの家事全般や、金銭管理や服薬管理、外出して乗り物に乗るなど。
（4）世代性（生殖性）対停滞――子どもという自分の子孫を持つことで、「次の世代を育成する興味・関心」

を持つ。次世代の育成に失敗した場合には「停滞」の感覚を持つことになる。

おわりに

本書は前著『退職シニアと社会参加』を二〇一二年に上梓してから今までに考えてきたことをまとめたものになっています。『退職シニアと社会参加』は二〇〇六年に東京大学に提出した博士論文をもとに、その後の調査データを加えて修正して書き上げたものでした。幸いご好評をいただき、二〇一二年に日本社会心理学会出版賞、日本ＮＰＯ学会優秀賞をいただきました。ご指導いただいた先生方、調査にご協力いただいた方々、長い大学院生活を支えてくださった前職場の日本興亜福祉財団の方々に報いることもでき、本当にうれしい限りでした。

原稿を書き終えた時はすべてを出し尽くした気持ちで、自分がよもや二冊目の単著を書くなどとは夢にも思っていませんでした。しかし、出版に一段落がついてほっとしていたときに東京大学出版会の編集者に次の本をといわれ、愕然としたのを今でも鮮明に覚えています。その時はもう書くべきことがない、と思ったものです。しかし、出版の翌年に神戸大学に移り、社会心理学や社会老年学の研究者だけではなく、他の分野の研究者の方たちや、地方自治体や、シニア団体やＮＰＯ、地元の住民の方々、高齢社会への取り組みを考える企業の方などさまざまな領域の方々と、抱える問題点や課題を話しあったり、海外の研究者との交流の中で、「市民参画」という社会参加から広がったテーマが次なる課題として浮かび上がってきました。

そういう意味で本書はいろいろな出会いの蓄積をまとめたものであるともいえます。それぞれの箇所でかかわった方たちの顔が懐かしく思い出されます。

ようやく独り立ちして書いたとはいえ、やはり以前の指導教官の先生方からは大きな示唆をいただきました。現在も東京大学高齢社会研究機構の特任教授として世界的に活躍されている秋山弘子先生。人生一〇〇年、人生二毛作、ならぬ三毛作の時代だと、シニアの活躍を目指して地域社会に活発にかかわるプロジェクトを次々と立ち上げ実行されている先生には、シニア期の生き方を根本的に考えさせられました。今は同志社大学に移られた池田謙一先生からは、以前博士論文の指導をしていただいているときに社会参加活動の範囲について、なぜ政治参加がないのだという指摘を受けました。その時は老年学の文脈でしか考えていなかったので未消化に終わってしまいましたが、今回の市民参加を考えるそもそものきっかけをいただいたように思います。今まで不勉強だった政治参加の研究については先生の豊かな学識に助けていただきました。

その他にも数多くの研究者の方に触発を受けました。

アメリカ老年学会で発表した博士論文の内容を面白いといっていただき、現在二つ目の国際共同研究をさせていただいている国立ソウル大学のハン・ギョンヘ先生。二〇一六年の「アクティブエイジング研究センター」の設立記念シンポジウムでは特別講演として国立ソウル大学で実施されている「サードエイジ・ユニバーシティ」など、大学が社会に対して行っている社会還元のプログラムについて紹介をしていただきました。それでなくてもご多忙な先生ですが、シニアの学生の学ぶ姿はとても熱心で楽しいとのことでした。

シニア就労については、アメリカ老年学会のシンポジウムでの不安定《プレカリアス》なシニア労働者のお話が面白くて、その後マンチェスター大学の研究室を訪ねて、何時間も議論をさせていただいたクリティカル・ジェロントロジーの旗手、クリストファー・フィリプソン先生。

神戸大学大学院人間発達環境学研究科に異世代間交流についての共同研究の打診があり、初めて行ったアイルランド、ダブリン市立大学のトゥルーディ・コリガン先生。大学で九〇分ほど話す機会をいただいたときに、ダブリンのシニア学生からの的を射た質問をたくさんいただいて、そのレベルの高さと熱心さに驚くとともに、とても嬉しく、またあるべき市民の姿としてインプットされました。

神戸大学大学院人間発達環境学研究科では二〇一二年、私が着任する前から地域住民の方に向けて「アカデミック・サロン」を開催していますが、そのお手伝いをしていただいているシニアの方とのインタビューや住民悉皆調査。都市住民とはいえ、東京とは違うカルチャーを感じたり、都市住民が共有してもつ問題を確信しました。

企業研究所の研究員の方々、地域の課題に真摯に取り組む市役所の方々、退職者を多く抱えその会員のウェルビーイング向上に取り組まれる組織の方々、不案内だった生涯教育について教えてくれた他学科の大学院生など、かかわった方はもっともっとたくさんいらっしゃり、挙げればきりがありませんが、一つ一つの出会いがこの本を紡いだといえるでしょう。

二〇一六年の夏に初めてスコットランドのスターリングで開催されたイギリス老年学会に参加し、アメリカとヨーロッパの文化の差を実感しました。そこで「人生における意味を考える」という忘れられないシンポジウムがありました。アメリカ老年学会では科学的なエビデンスを高度なレベルで追及する実証研究が主流ですが、このシンポジウムではまず人生における意味とは何か、という問いが哲学者のパネリストにより提起され、彼の想定する下位概念にもとづいてほかのパネリストが実証的に検討するというものでした。「人生の意味《a meaning of life》とよくいうが、人生の意味は果たして一つだろうか、では人生の意味たち《meanings of life》といえばいいのだろうか。しかし、人生「の《of》」意味なのだろうか。私は「人生における意味《meanings in life》」といいたい」と語り始めた話にすっかり引き込まれました。ちょうど自分自身が人生の意味を問いたいような気持に駆られていた時でもあり、衝撃ともいえるような新鮮なシンポジウムでした。本書は、彼の言を引けば、「サードエイジの人生における意味」を問うものになっています。

その哲学者はもうすぐ定年を迎えるそうで、同僚はまた契約更新したりしているけれど、自分は大学を辞める、とシンポジウムの発表の際に発言されていたのですが、そのあとスターリング大学の湖のほとりでたたずむ彼を見つけた時に、思わず、引退されるなんてもったいない、話しかけたら、静かに笑って、大学は辞めるけれど、仕事から引退するわけではない、研究は続けますよ、と。研究者としての美学を感じました。

本をゼロから書き上げた今、前のように空っぽな気持ちにはなっていません。本書はいろいろな考えをようやくまとめたものであり、これから実証をしていくという課題が待っていますし、論考ももっと進めなくてはなりません。草稿を書き終わった時点からもさらに考えは進んでいます。また、人との関わりで考えが広がっていくという面白さを知ったからでもあるでしょうし、机上の学問から一歩踏み出す刺激と楽しさを知ったせいかもしれません。

次第に考えが拡大していき、社会参加だけでもまとめるのが大変だったのに、本書では、生産的活動、生涯学習、市民参加、というさらに大きな概念を扱うことになってしまい、それぞれ専門とは言いかねますし、少しの勉強でどうにかなるものではないので、議論の不十分な点は多々あり、誤って理解していることもあるかもしれません。その点はご容赦いただくとともに、読者の方々には厳しいご指摘をお願いできればと思います。

また、前著ではちょうど習っていた日本画で田中博之先生のご指導のもとで自分のイメージを、カバーの装画として描いたので、今回もできれば本書に託した思いをあらわしてみたいと思っていました。ただ田中先生は東京にお住まいなので通うわけにはいかないし、と思っていたところ、画廊を営む友人に京都にお住いの畠中光亨先生に紹介していただき、ご指導を受ける、という望外の贅沢をさせていただきました。

畠中先生はちょうど約三〇〇年ぶりに再建される興福寺の中金堂に奉納される祖師画を描かれたところで、大学生の時から奈良や京都に通い続けている仏像マニアの私としては、何かのご縁を勝手に感じてしまいました。若い頃はもっぱら西洋絵画を観ていましたが、ここ一五年ばかりでしょうか、日本画の静謐な美しさに魅せられ、今回も白緑という日本画らしい色を用いて、日本の文様をアレンジしてみました。高齢人口の膨れる日本の人口を多様なシニアが支えている、というイメージを描いたものですが、果たして皆様に伝わるのかどうか。

最後にこれまで助けていただいたみなさま、本書を書くことを暖かく励ましてくれた神戸大学の同僚に厚く感謝を申し上げます。

文化と豊かな自然に囲まれた神戸にて

片桐恵子

著者略歴
神戸大学大学院人間発達環境学研究科 准教授
2003年東京大学大学院人文社会系研究科博士課程修了.
日本興亜福祉財団社会老年学研究所主席研究員を経て
2013年より現職
博士（社会心理学）.
主要著書・論文
Katagiri, K. (2006). Successful Aging and Hierarchical Model of the Civic Engagement of Japanese Retirees. [アメリカ老年学会 Civic Engagement in an Older America Paper Award 受賞],『退職シニアと社会参加』[日本社会心理学会出版賞，日本NPO学会優秀賞受賞]（東京大学出版会，2012年），*Successful Aging: Asian Perspectives*（共著分担執筆，Springer, 2015），『「ラーニングフルエイジング」とは何か：超高齢社会における学びの可能性』（分担執筆，ミネルヴァ書房，2017年），ほか.

「サードエイジ」をどう生きるか
シニアと拓く高齢先端社会

2017年8月10日 初 版

[検印廃止]

著 者 片桐恵子《かたぎりけいこ》

発行所 一般財団法人 東京大学出版会
代表者 吉見俊哉
153-0041 東京都目黒区駒場4-5-29
http://www.utp.or.jp/
電話 03-6407-1069 Fax 03-6407-1991
振替 00160-6-59964

印刷所 株式会社理想社
製本所 誠製本株式会社

ISBN 978-4-13-053025-5 Printed in Japan

人名索引

事項索引

あ　行

か　行

さ 行

た　行

な　行

は　行

ま　行

や　行

ら　行

わ　行

A～Z

参考文献

Adler, R. P., & Goggin. J. (2005). What do we mean by "civic engagement?" *Journal of Transformative Education*, *3*(3), 236–253.

秋山弘子 (2015). 高齢社会のコミュニティ創りとアクションリサーチ. JST社会技術研究開発センター・秋山弘子 (編) 高齢社会のアクションリサーチ：新たなコミュニティ創りをめざして (pp. 1–15) 東京大学出版会

Antonucci, T. C., & Akiyama, H. (1987). Social networks in adult life and a preliminary examination of the convoy model. *Journal of Gerontology*, *42*(5), 519–527.

Alexander, D. T., Barraket, J., Lewis, J. M., & Considine, M. (2010). Civic engagement and associationalism: The impact of group membership scope versus intensity of participation. *European Sociological Review*, jcq047.

Bächtiger, A., & Pedrini, S. (2010). Dissecting deliberative democracy: A review of theoretical concepts and empirical findings. In Wolf, M. R., Morales, L., Ikeda, K. (Eds.), *Political Discussion in Modern Democracies: A Comparative Perspective*, (pp. 9–25) Routledge.

Baltes, P. B. (1993). The aging mind: Potential and limits. *The gerontologist, 33* (5), 580–594.

Blakely, T. A., Kennedy, B. P., & Kawachi, I. (2001). Socioeconomic inequality in voting participation and self-rated health. *American journal of public health, 91*(1), 99.

Butler, R. N., & Gleason, H. P. (1985). *Productive aging*. Springer.

Calvo, E. (2006). Does working longer make people healthier and happier? *Issue Brief WOB, 2.*

Carr, D. C., Fried, L. P., & Rowe, J. W. (2015). Productivity and engagement in an aging America: The role of volunteerism. *Daedalus*, *144*(2), 55–67.

Casiday, R., Kinsman, E., Fisher, C., & Bambra, C. (2008). *Volunteering and health: What impact does it really have.* Volunteering England.

Chen, M., Lee, C., Staley, M., Wang, H., & Dugan, E. (2015). The association of lifelong learning and cognitive function: Findings from the health and retirement study. *Gerontologist* 2015; 55 (Suppl_2): 480.

中小企業庁（2014）．中小企業白書 2014 年版

Corna, L. (2016). Later-life employment trajectories and health: Evidence from the US, 45th Annual British Society of Gerontology, Sterling, 121.

Cumming, E., & Henry, W. E. (1961). *Growing old: The process of disengagement.* Basic Books.

Dench, S., & Regan, J. (2000). Learning in later life: Motivation and impact. Great Britain, Department for Education and Employment.

Easton, D. (1953). *The political system: An inquiry to the state of political science.* Alfred A. Knopf.

Ekman, J., & Amnå, E. (2012). Political participation and civic engagement: Towards a new typology. *Human affairs, 22*(3), 283–300.

Erikson, E. H., & Erikson, J. M. (1998). *The life cycle completed (extended version).* W. W. Norton & Company. (E. H. エリクソン，J. M. エリクソン（2001）ライフサイクル，その完結〈増補版〉 村瀬孝雄・近藤邦夫訳　みすず書房)

藤波美帆（2013）．嘱託社員（継続雇用者）の活用方針と人事管理：60 歳代前半層の賃金管理（2012 年労働政策研究会議報告 会議メインテーマ労使紛争の現状と政策課題）．日本労働研究雑誌，*55*(631), 114–125.

藤波美帆・大木栄一（2012）．企業が「60 歳前半層に期待する役割」を「知らせる」仕組み・「能力・意欲」を「知る」仕組みと 70 歳雇用の推進：嘱託（再雇用者）社員を中心にして．日本労働研究雑誌，*619*, 90–101.

藤田孝典（2015）．下流老人：一億老後崩壊の衝撃　朝日新聞出版

Gerteis, M., Winston, J. A., Stanton, F., Moses, S., Grodner Mendoza, T., & Roberts, M. (2004). *Reinventing aging: Baby boomers and civic engagement.* Harvard School of Public Health-MetLife Foundation Initiative on Retirement and Civic Engagement.

Gottlieb, B. H., & Gillespie, A. A. (2008). Volunteerism, health, and civic engagement among older adults. *Canadian Journal on Aging/La Revue Canadienne du Vieillissement*, *27*(04), 399–406.
Granovetter, M. S. (1973). The strength of weak ties. *American Journal of Sociology*, *78*(6), 1360–1380.
浜井浩一（2009）．高齢者の犯罪の増加　老年社会科学，*31*(3)，397–412.
Hammond, C. (2004). The impacts of learning on well-being, mental health and effective coping. In, Schuller, T., Preston, J., Hammond, C., Brassett-Grundy, A., & Bynner, J. (Eds.), *The benefits of learning: The impacts of formal and informal education on social capital, health and family life* (pp. 37–56). Routledge.
原田和宏・佐藤ゆかり・齋藤圭介・小林正人・香川幸次郎．(2006)．在宅自立高齢者における ADL と活動能力障害の出現率，および転倒既往と閉じこもりの関与．理学療法学，*33*(5), 263–271.
Harris, A. H., & Thoresen, C. E. (2005). Volunteering is associated with delayed mortality in older people: analysis of the longitudinal study of aging. *Journal of Health Psychology*, *10*(6), 739–752.
Havighurst R. J. (1961) Successful Aging. *The Gerontologist*, *1*(1), 8–13.
Havighurst, R. J., Neugarten, B. L., & Tobin, S. S. (1964). Disengagement, personality and life satisfaction in the later years. In, Hansen, P. F. (Ed.), *Age with a future* (pp.419–425). Copenhagen: Munksgaard.
平野浩（2012）．日本における政治文化と市民参加：選挙調査データに見るその変遷．政策科学，*19*(3)，143–161.
平山亮・古川雅子（2016）．きょうだいリスク：無職の弟、非婚の姉の将来は誰がみる？　朝日新聞出版
堀田利恵・湯原悦子（2010）．高齢になって初めて犯罪に手を染めた女性犯罪者に関する研究（総説）．日本福祉大学社会福祉論集，*123*，69–83.
堀薫夫（2015）．高齢者教育学の存立基盤に関する一考察．大阪教育大学紀要　第Ⅳ部門　教育科学，209–216.
池田謙一（2002）．2000 年衆議院選挙における社会関係資本とコミュニケ

ーション．選挙研究，*17*, 5–18.
稲葉陽二（2011）．ソーシャル・キャピタル入門：孤立から絆へ　中央公論新社
稲増一憲（2016）．高齢化社会に関する意識．池田謙一（編）日本人の考え方　世界の人の考え方：世界価値観調査から見えるもの（世界価値観調査 2010）（pp. 184–200）勁草書房
伊藤理史（2016）．日本人の政治参加：投票外参加のコーホート分析．太郎丸博（編）後期現代と価値意識の変容：日本人の意識 1973–2008（pp. 115–148）東京大学出版会
Jha, A., & Cox, J. (2015). Corporate social responsibility and social capital. *Journal of Banking & Finance*, *60*, 252–270.
加賀田和弘（2008）．CSR と経営戦略：CSR と企業業績に関する実証分析から．総合政策研究，*30*, 37–58.
Kahn, R. L., & Antonucci, T. C. (1980). Convoys over the life course: Attachment, roles, and social support. In. Baltes, P. B. & Brim, O. (Eds.), *Life-span development and behavior* (Vol. 3, pp. 254–283). New York: Academic Press.
神江伸介・堤英敬（2006）．高齢社会有権者の社会参加と政治参加：香川県三木町 2005 年の場合．香川法学，*25*(3), 308–258.
鹿生治行・大木栄一・藤波美帆（2016）．継続雇用者の戦力化と人事部門による支援課題：生涯現役に向けた支援のあり方を考える（2015 年労働政策研究会議報告）．日本労働研究雑誌，*58*(667), 66–77.
柏市（2014）．報道資料「2025 年問題に公民学が一丸セカンドライフプラットフォーム事業を開始」 http://www.city.kashiwa.lg.jp/soshiki/020300/p020798_d/fil/secondlife.pdf
片桐恵子・菅原育子（2007）．定年退職者の社会参加活動と夫婦関係：夫の社会参加活動が妻の主観的幸福感に与える効果．老年社会科学，*29*(3), 392–402.
片桐恵子・菅原育子（2011）．ソーシャル・キャピタルと社会貢献志向：人と企業と社会に信頼を育む人々．日本社会心理学会第 52 回大会
片桐恵子（2012a）．退職シニアと社会参加　東京大学出版会
片桐恵子（2012b）．退職後の社会参加：研究動向と課題．老年社会科学，

34(3), 431–439.

片桐恵子・菅原育子（2013）．過去の社会参加経験が現在の社会参加に及ぼす影響：東京都練馬区と岡山県岡山市の調査結果．老年社会科学，*35*(3), 342–353.

片桐恵子（2017）．サクセスフル・エイジング．日本児童研究所（監修）児童心理学の進歩，*56*〔2017年版〕（pp. 71–94）金子書房

片桐恵子（2017）. 企業の高齢者対応：人事管理と研修．損保ジャパン日本興亜福祉財団叢書 No.90，世代間認識ギャップからみたシニア就労の現状と課題：ダイバーシティ雇用環境の実現にむけて，71–77.

Kawachi, I. (1999). Social capital and community effects on population and individual health. *Annals of the New York Academy of Sciences*, *896*(1), 120–130.

Kawachi, I., & Berkman, L. (2000). Social cohesion, social capital, and health. In, Berkman, L. F., & Kawachi, I. (Eds.), *Social epidemiology*, (pp. 174–190). Oxford University Press.

経済産業省（2016a）．産業活動分析（平成26年10〜12月期（年間回顧））シニア層の健康志向の高まり，そして地域別人口に影響されているフィットネスクラブ：初めての経済センサス活動調査結果も踏まえて http://www.meti.go.jp/statistics/toppage/report/bunseki/pdf/h26/h4a1502j1.pdf

経済産業省（2016b）．「活力あるビンテージ・ソサエティの実現に向けた取組に係る研究会」報告書 http://www.meti.go.jp/press/2015/03/20160330002/20160330002-3.pdf

Kim, Y. C., & Ball-Rokeach, S. J. (2006). Civic engagement from a communication infrastructure perspective. *Communication Theory*, *16*(2), 173–197.

小林利行（2005）．政治・社会への関与に表れる「受動性」：「シティズンシップ」に関する調査から．放送研究と調査，*55*(4), 20–31.

小林利行（2015）．低下する日本人の政治的・社会的活動意欲とその背景：ISSP 国際比較調査「市民意識」・日本の結果から．放送研究と調査，*65*(1), 22–41.

厚生労働省（2009）．平成20年高年齢者雇用実態調査 http://www.

mhlw.go.jp/toukei/itiran/roudou/koyou/keitai/08/index.html
厚生労働省（2012）．平成 24 年「高年齢者の雇用状況」集計結果別表 http://www.mhlw.go.jp/file/04-Houdouhappyou-11703000-Shokugyouanteikyokukoureishougaikoyoutaisakubu-Koureishakoyoutaisakuka/24-2.pdf
厚生労働省（2013）．平成 25 年「高年齢者の雇用状況」集計結果別表 http://www.mhlw.go.jp/file/04-Houdouhappyou-11703000-Shokugyouanteikyokukoureishougaikoyoutaisakubu-Koureishakoyoutaisakuka/25-2.pdf
厚生労働省（2014）．平成 26 年「高年齢者の雇用状況」集計結果別表 http://www.mhlw.go.jp/file/04-Houdouhappyou-11703000-Shokugyouanteikyokukoureishougaikoyoutaisakubu-Koureishakoyoutaisakuka/26-2_2.pdf
厚生労働省（2015a）．平成 27 年「高年齢者の雇用状況」集計結果別表 http://www.mhlw.go.jp/file/04-Houdouhappyou-11703000-Shokugyouanteikyokukoureishougaikoyoutaisakubu-Koureishakoyoutaisakuka/26-2_2.pdf
厚生労働省（2015b）．「生涯現役社会の実現に向けた雇用・就業環境の整備に関する検討会」報告書　http://www.mhlw.go.jp/stf/houdou/0000087875.html
黒川順夫（2005）．新・主人在宅ストレス症候群 双葉社
Laslet, P. (1987). The emergence of the Third Age. *Aging and Society, 7*(3), 133–160.
Li, Y., & Ferraro, K. F. (2006). Volunteering in middle and later life: Is health a benefit, barrier or both? *Social Forces*, *85*(1), 497–519.
Lundåsen, S. W. (2014). Democratic values and civic engagement of local voluntary associations. *Nonprofit Management and Leadership*, *24*(3), 263–283.
Luoh, M. C., & Herzog, A. R. (2002). Individual consequences of volunteer and paid work in old age: Health and mortality. *Journal of Health and Social Behavior*, 490–509.
Marshall, T. H., & Bottomore, T. B. (1992). *Citizenship and social*

class (*Vol. 2*). Pluto Press.
Martinson, M., & Minkler, M. (2006). Civic engagement and older adults: A critical perspective. *The Gerontologist, 46*(3), 318–324.
文部科学省（2016）．社会教育調査平成 27 年度（中間報告）総括表 http://www.mext.go.jp/b_menu/toukei/chousa02/shakai/kekka/k_detail/1378657.htm
内閣府（2003）．平成 15 年　高齢者介護に関する世論調査　http://survey.gov-online.go.jp/h15/h15-kourei/index.html
内閣府（2007）．平成 19 年国民生活白書
内閣府（2011）．高齢社会白書（平成 23 年版）
内閣府（2012）．団塊の世代の意識に関する調査（2012） http://www8.cao.go.jp/kourei/ishiki/h24/kenkyu/gaiyo/pdf/kekka.pdf
内閣府（2013）．平成 24 年度 高齢者の健康に関する意識調査結果（全体版） http://www8.cao.go.jp/kourei/ishiki/h24/sougou/zentai/index.html
内閣府（2014）．平成 26 年版高齢社会白書
内閣府（2016a）．平成 28 年版高齢社会白書
内閣府（2016b）．平成 27 年度 第 8 回高齢者の生活と意識に関する国際比較調査結果（全体版） http://www8.cao.go.jp/kourei/ishiki/h27/zentai/index.html
Narushima, M. (2008). More than nickels and dimes: The health benefits of a community-based Lifelong Learning programme for older adults. *International Journal of lifelong education, 27*(6), 673–692.
小野寺研太（2015）．戦後日本の社会思想史：近代化と「市民社会」の変遷　以文社
遠座俊明・片桐恵子（2016）．定年前後におけるセカンドライフに対する意識について．第 11 回日本応用老年学会．
Organisation for Economic Co-poeratin and Development. OECD. Stat http://stats.oecd.org/
大内尉義・秋山弘子（編集代表）．折茂肇（編集顧問）（2010）．新老年学第 3 版　東京大学出版会
Panayotoff, K. G. (1993). The impact of continuing education on the

health of older adults. *Educational Gerontology: An International Quarterly, 19*(1), 9–20.

Portacolone, E. (2013). The notion of precariousness among older adults living alone in the US. *Journal of Aging Studies, 27*(2), 166–174.

Putnam, R. D. (2001). Bowling alone: The collapse and revival of American community. Simon and Schuster. (P. D. パットナム (2006). 孤独なボウリング：米国コミュニティの崩壊と再生　柴内康文（訳）柏書房)

Ramakrishnan, S. K., & Baldassare, M. (2004). *The ties that bind: Changing the demographics and civic engagement in California.* Public Policy Institute of California.

労働政策研究・研修機構（2010). 高年齢者の雇用・就業の実態に関する調査 http://www.jil.go.jp/press/documents/20100705.pdf

労働政策研究・研修機構（2015). NPO 法人の活動と働き方に関する調査（団体調査・個人調査)：東日本大震災フック支援活動も視野にいれて　調査シリーズ, 139.

Rose, R. (2000). How much does social capital add to individual health? *Social Science and Medicine, 51*(9), 1421–1435.

Rosenberg, M. (1965). *Society and adolescent self-image.* Princeton University Press.

Rosow, I. (1974). *Socialization to old age.* University of California Press.

Rowe, J. W., & Kahn, R. L. (1997). Successful aging. *The Gerontologist, 37*(4), 433–440.

Rowe, J. W., & Kahn, R. L. (1998). *Successful aging: The MacArthur Foundation study.* Pantheon Books.

齋藤純一（2000). 公共性　岩波書店

堺屋太一（2005). 団塊の世代（新版）文藝春秋

櫻庭涼子（2014). 年齢差別禁止と定年制：EU 法・英国法の展開を手がかりに（2013 年労働政策研究会議報告 会議メインテーマ 高齢社会の労働問題). 日本労働研究雑誌, *56*(643), 31–40.

佐藤一子（1998）．生涯学習と社会参加　東京大学出版会

Sherraden, M., Morrow-Howell, N., Hinterlong, J., & Rozario, P.（2001）. Productive aging: Theoretical choices and directions. In, Morrow-Howell, N., Hinterlong, J., & Sherraden, M.（eds.）, *Productive aging: Concepts and challenges*. JHU Press.

社会保障制度改革国民会議（2012）「参考資料 3 社会保障・税一体改革関連資料」（2012 年 11 月 30 日） http://www.kantei.go.jp/jp/singi/kokuminkaigi/dai1/gijisidai.html

Solomon, J. L., Marshall, P., & Gardner, H.（2005）. Crossing boundaries to generative wisdom: An analysis of professional work. In, Sternberg, R. J. & Jordan, J.（eds.）, *A handbook of wisdom: Psychological perspectives*（pp. 272–296）. Cambridge: Cambridge University Press.

総務省　e-Stat　https://www.e-stat.go.jp/SG1/estat/questionView.do?method=init

総務省　衆議院議員総選挙における年代別投票率の推移 http://www.soumu.go.jp/senkyo/senkyo_s/news/sonota/nendaibetu/

Stav, W. B., Hallenen, T., Lane, J., & Arbesman, M.（2012）. Systematic review of occupational engagement and health outcomes among community-dwelling older adults. *American Journal of Occupational Therapy*, *66*(3), 301–310.

鈴木忠（2008）．生涯発達のダイナミクス：知の多様性，生き方の可塑性　東京大学出版会

高木朋代（2014）．65 歳雇用義務化の重み：隠された選抜，揺れる雇用保障（2013 年労働政策研究会議報告 会議メインテーマ 高齢社会の労働問題）．日本労働研究雑誌，*56*(643), 21–30.

Tang, F., Choi, E., & Morrow-Howell, N.（2010）. Organizational support and volunteering benefits for older adults. *The Gerontologist*, *50*(5), 603–612.

谷村千絵（1999）．E・H・エリクソンのジェネレイティヴィティ概念に関する考察．教育哲学研究，*80*, 48–63.

UNESCO（1997）. The Hamburg Declaration of Adult Learning.

http://www.unesco.org/education/uie/confintea/declaeng.htm,（JNNE：Japan NGO Network for Education（訳）「成人学習に関するハンブルグ宣言」(http://jnne.org/img/statements/hamburg.pdf)
Veenstra, G. (2000). Social capital, SES and health: An individual-level analysis. *Social Science and Medicine, 50*(5), 619–629.
Verba, S., & Nie, N. H. (1972). *Participation in America: Political democracy and social equality*. Harper & Row.
Verba, S., Nie, N. H., & Kim, J.-O. (1978). *Participation and social equality: Civic volunteerism in American politics*. Harvard University Press.
Verba, S., Schlozman, K. L., & Brady, H. E. (1995). *Voice and equality: Civic voluntarism in American politics*. Harvard University Press.
渡邊洋子 (2002). 生涯学習時代の成人教育学：学習支援者へのアドヴォカシー　明石書店
WHO (2002). Active ageing : A policy framework　http://apps.who.int/iris/bitstream/10665/67215/1/WHO_NMH_NPH_02.8.pdf.
Wu, A. M., Tang, C. S., & Yan, E. C. (2005). Post-retirement voluntary work and psychological functioning among older Chinese in Hong Kong. *Journal of Cross-Cultural Gerontology, 20*(1), 27–45.
Wollebæk, D., & Strømsnes, K. (2007). Voluntary associations, trust, and civic engagement: A multilevel approach. *Nonprofit and Voluntary Sector Quarterly, 37*(2), 249–263.
山田昌弘 (2004). 家族の個人化. 社会学評論, *54*, 341–354.
山田真裕 (2004). 投票外参加の論理. 選挙研究, *19*, 85–99.
山岸俊男 (1998). 信頼の構造：こころと社会の進化ゲーム　東京大学出版会
全国社会福祉協議会 (2014). 全国ボランティア活動実態調査報告書 (2014)　http://www.shakyo.or.jp/research/20140808_09volunteer.pdf
Zhan, Y., Wang, M., Liu, S., & Shultz, K. S. (2009). Bridge employment and retirees' health: A longitudinal investigation. *Journal of Occupational Health Psychology, 14*(4), 374.